法律翻译教学与研究

（2019年卷）

FA LÜ FAN YI JIAO XUE YU YAN JIU

主编◎刘艳萍

中国政法大学出版社

2019·北京

前言
Preface

近年来，随着改革开放的不断深入和国力的持续提升，中国已被推到世界舞台中心，引起了国际社会的广泛关注。特别是随着“一带一路”等倡议的提出，我国参与国际交往日渐频繁，政治互信、经贸往来、文化交往、学术交流、海外旅游等国家与民间涉外活动与日俱增。前所未有的市场需求给涉外法律服务带来了巨大的机遇与挑战，国家加快涉外法治建设步伐的举措不断加强。然而，我国涉外法律服务所面临的严峻现实是：涉外法律人才需求量极大，合格的法律翻译人才更为紧俏。为弥补这一空白，培养复合型涉外法律翻译人才，各大院校纷纷设立法律翻译本科专业和法律翻译硕士专业，这些专业以法律翻译为特色，依托法学学科的优势资源和“外语+法律”复合型专业教师团队，在提高学生翻译技能的同时，注重专业化、职业化的高端口笔译人才的培养。

目前，以法律翻译为特色的翻译硕士专业学位（MTI）院校的招生质量和标准不断提高，人才培养目标和模式不断改进。为了培养合格的法律翻译人才，各MTI院校通过采取研究生校内导师和实务部门的校外导师共同培养MTI硕士生的双导师模式，采用严格把控论文质量标准，强调课堂理论教学与实习基地实践相结合等灵活多样、科学严谨的制度，使法律翻译的人才培养在模式、质量及数量上都呈现突飞猛进的发展态势。

《法律翻译教学与研究（2019）》是关于法律翻译理论与教学实践研究成果的专辑，本书收录了法律翻译理论研究专家和教学一线教师的相关论文，内容既包括法治人才培养目标下的法律翻译课程建设与需求分析、教学的问题与对策，也包括对法律翻译理论与实践的深入研究与探讨。希望通过本书的出版，同行们可共同探讨法律翻译人才的培养模式，分享教学经验，研究翻译理论与实践的具体问题的解决之道，为高端法律口译和笔译人才的培养提供可借鉴之经验。

编　者

2019 年 5 月

目录
Contents

教学探讨

人才培养

理论研究

建构主义教学理论在法律翻译教学中的体现

王立平*

一、引言

改革开放四十年，中国的经济迅猛发展，世人有目共睹。不仅如此，政治法律文化的巨大变革也是人尽皆知，特别是“依法治国”的政策性纲领更是备受瞩目，人们的法律意识日渐增强，这不仅应归功于法律政策的大力宣传，也是法治文化教育事业蓬勃发展的成果。在我国与世界各国的交往过程中，各个领域的交流沟通越来越频繁，同时也对文化教育提出了更高的要求。如何将国外的教育理论应用到传统的教学中，打破文化传统的壁垒，尽快与世界先进国家教育理念接轨，也成为教育工作者的重要任务。

中国的传统教育是教授或传授知识，以教为主。而西方国家很早就出现了苏格拉底的究问式的教学雏形，真正形成教学流派的标志是20世纪中叶，以瑞士心理学家让·皮业杰为代表的建构主义理论的建立。

二、建构主义学习理论（Constructivism Learning Theory）

建构主义学习理论是在建构主义思想的指导下形成的一套新的比较有效的认知学习理论。所以，要了解什么是建构主义学习理

* 王立平，中国政法大学外国语学院副教授。

论，首先要厘清建构主义的含义。

（一）建构主义理论（Constructivism）

建构主义理论源自让·皮亚杰[1]儿童认知发展的理论。这个理论认为，由于个体的认知发展与学习过程密切相关，因此，利用建构主义可以比较好地说明人类学习过程的认知规律——学习发生、意义建构、概念形成，以及理想的学习环境应包含哪些主要因素等。总之，这一理论认为，在建构主义思想的指导下可以形成比较有效的认知学习理论，并在此基础上实现较理想的建构主义学习环境。

这种比较有效的新型学习理论势必对传统的学校教育方式产生挑战，这也是教育体系内的一项重大变革。

（二）建构主义学习理论

建构主义学习理论，与认知主义学习理论[2]、行为主义学习理论[3]一起构成教育心理学的三大学习理论。建构主义学习理论的基本观点可从"学习的含义"（即关于"什么是学习"）与"学习的方法"（即关于"如何进行学习"）这两个方面进行说明。建构主义的教学观强调要充分发挥学生个体的主观能动性，在整个学

---

[1] 让·皮亚杰（Jean Piaget，1896—1980），瑞士人，建构主义的代表人物，近代最有名的儿童心理学家。他的"认知发展理论"成为这个学科的典范。他一生留给后人多本专著和众多学术论文，他曾到过许多国家讲学，获得几十个名誉博士、荣誉教授和荣誉科学院士的称号。

[2] 认知主义学习理论与行为主义学习理论相对立，源自德国格式塔学派的认知主义学习论。他们注重解释学习行为的中间过程，即目的、意义等，认为这些过程才是控制学习的可变因素。

[3] 行为主义学习理论，又称刺激—反应理论，是当今学习理论的主要流派之一。该理论认为，人类的思维是与外界环境相互作用的结果，即形成"刺激—反应"的联结。该理论是美国心理学家约翰·华生在20世纪初创立的理论。行为主义者认为，学习是刺激与反应之间的联结，他们的基本假设是，行为是学习者对环境刺激所做出的反应。他们把环境看成刺激，认为所有行为都是习得的。行为主义学习理论应用在学校教育实践中，就是要求教师掌握塑造和矫正学生行为的方法，为学生创设一种环境，尽可能地在最大程度上强化学生的合适行为，消除不合适行为。

习过程中，要求学生能够用探究、讨论等各种不同的方法在头脑中去主动建构知识。在知识的建构过程中，培养学生分析问题、解决问题和创造性的思维能力。作为一种新型的学习理论，建构主义赋予了学习新的含义。首先，建构主义学习理论认为，学习的过程是学习者主动建构知识的过程。因此，学习活动不是由教师单纯向学生传递知识，而是学生凭借原有的知识和经验，通过与外界的互动，主动地生成信息的意义的过程。其次，建构主义学习理论对学生所学的知识构成也提出了新的见解，即知识不再仅仅是我们通常所认为的课本、文字、图片以及教师的板书和演示等现实的具体表象，还有可能包括一种“只可意会，不能言传”的理解和假设。学生们对知识的理解并不存在唯一的标准，或者说没有正确答案，而是依据自己的经验背景，以自己的方式建构对知识的理解，对于世界的认知由每个人自己决定。

建构主义是对认知主义的进一步发展。建构主义者更加强调学习的主观性、社会性和情景性。个体在进行学习的时候，由于先前的生活经验在头脑中保存着自己特有的认知图式，在学习过程中，通过与外界环境的相互作用，建构新的认知图式，这种新的认知图式是创造性的，在性质上不是原有图示的延续。所以，与行为学派的理论相比，建构主义理论认为学习的过程是一种质的变化，一种主动建构的过程，而不是被动的刺激反应模式的建立。

1. 两种建构主义。通过对建构主义学习理论的分析，有学者认为可以对其具体进行以下解读：

（1）个体建构主义。个体建构主义与认知学习理论有很大的联系，认为学习是一个意义建构的过程，学习者通过新、旧知识的相互作用，进而形成、丰富和整合自己的认知结构。学习是一个双向的过程，一方面，将新知识纳入已有的认知结构中，形成新的意义；另一方面，原有的知识经验因为新知识的纳入而得到了一定的调整或改组。例如，探究式教学[1]就是个体建构主义的观点在教学中的具体运用。

（2）社会建构主义。社会建构主义认为，学习是一个文化参与的过程，学习者是通过参与到某个共同体的实践活动中来建构相关知识的。学习不仅是个体对学习内容的主动加工，而且需要学习者们进行相互合作，共同完成“学习”。因此，社会建构主义更关注学习和知识建构背后的社会文化机制，认为不同文化、不同环境下的个体的学习和问题解决方式之间存在着很大的不同。

个体建构主义和社会建构主义这两种理论相辅相成，构成完整的建构主义理论，二者缺一不可。个体建构离开社会建构，将不复存在，而没有了个体建构的社会建构也只是理想主义的假想。

2. 建构主义学习流派代表人物。

（1）让·皮亚杰。现在人们普遍认为建构主义观点是由瑞士心理学家让·皮亚杰于 1966 年提出的，他创立的所谓“皮亚杰派”，主张智力发展理论。让·皮亚杰在他的《发生认识论原理》[2]中，主要研究知识的形成和发展。他从认识的发生和发展这一角度对儿童心理进行了系统、深入的研究，提出了认识是一种以主体已有的知识和经验为基础的主动建构，这正是建构主义观点的核心所在。

让·皮亚杰认为，学习者只有在思考时候才会形成有意义的学习。学习的结果，不只是知道对某种特定刺激做出某种特定反应，

---

〔1〕 探究式教学（Inquiry Teaching），又称发现法、研究法，是指学生在学习概念和原理时，教师只是给他们一些事例和问题，让学生自己通过阅读、观察、实验、思考、讨论、听讲等途径去独立探究，自行发现并掌握相应的原理和结论的一种方法。最早提出在教学中使用探究方法的是美国著名教育家、心理学家杜威（John Dewey，1859—1953）。他认为，科学教育不仅仅要让学生学习大量的知识，更重要的是要学习科学研究的过程或方法。

〔2〕《发生认识论原理》一书是让·皮亚杰在 1970 年出版的一本理论性著作，该书较集中、系统地阐述了他对于认识论的观点。他指出，“发生认识论的特有问题是认识的成长问题”，而研究认识的发生发展是认识论不可缺少的一个部分；并指出发生认识论的第一个特点是研究各种认识的起源，第二个特点是“它的跨专业性质”。

而且是头脑中认知图示的重建。决定学习的要素，既不是外部因素（如来自物理环境和社会环境的刺激），也不是内部因素（如个体生理的成熟），而是个体与环境的交互作用。

让·皮亚杰的理论更强调学习者自身的主动性。除了学习理论，让·皮亚杰的建构主义理论还阐述了学习实际发生和完成的过程。但他的理论并不主张或忽略外界因素对学习进程的影响力。

（2）杰罗姆·布鲁纳。杰罗姆·布鲁纳[1]认为，学习的实质是一个人把同类事物联系起来，并把它们组织结合，赋予它们意义的结构。学习就是认知结构的组织和重组。按照布鲁纳的观点，知识的学习就是在学生的头脑中形成一定的知识结构。这种知识结构是由学科知识中的基本概念、基本思想或原理组成的。知识结构的形式是通过人的编码系统的编码方式构成的，并可通过再现模式表现出来。一种知识结构的价值，取决于它简化资料、产生新命题和增强使用一种知识的能力。

布鲁纳理论强调学习者的实践活动，虽仍然主张学习以主动认知为主，但在教学实践中，亦强调教师的引导作用，需要教师的跟进。他的理论不仅局限于儿童教育学的范畴，而是对皮亚杰理论的延伸和丰富。

（3）利维·维果斯基。维果斯基[2]提出了“最近发展区”“教学必须走在发展的前面”等观点。他撰写的代表作《思维和言语》详细论述了他对高级心理机能的社会起源与中介结构的理论观点。维果斯基认为，文化是认知进步的主要因素。在维果斯基的建构主义教学理论中，知识会导致认知的进一步发展。

---

〔1〕 杰罗姆·布鲁纳（Jerome Seymour Bruner，1915—），美国著名教育心理学家、认知心理学家，对认知过程理论的系统化和科学化作出了贡献，是认知心理学的先驱，是致力于将心理学原理应用于教育的典型代表。

〔2〕 维果斯基（Lev Vygotsky，1896—1934），苏联心理学家，“文化—历史”理论的创始人。

维果斯基理论突出了外界因素或社会因素对学习的影响，是对皮亚杰理论的发展完善，把建构主义理论的应用延伸到了成人学习的领域。

以上三个建构主义理论的代表人物，虽属同一流派，但侧重有所不同，其共同点是以学生为中心的教学方式。

三、法律翻译教学

（一）国内法律翻译历史

中国的法律翻译历史源起于 19 世纪清末，一般说来，“西法东渐”呈现三个逐步递进的阶段。第一阶段是清末法律翻译的开端时期。[1] 第二个阶段是清末法律翻译的发展时期，在“中学为体，西学为用”的指引下，洋务运动推动了法律翻译的发展。[2] 第三个阶段是清末法律翻译的鼎盛时期，1903 年清政府设立修订法律馆，在修订法律大臣沈家本的主持下，翻译了大量外国法律书籍，译介的内容不再局限于公法类，而是涵盖了宪法、民法典、商法典等众多门类。

民国时期的法律翻译在清末的基础上进一步发展。虽然从 1912 年到 1949 年中华人民共和国成立前，国内时局动荡，战乱频繁，但是中国法律现代化的进程却没有停下脚步，译介了大量西方先进的法律制度和法律著作，最终促成了中国现代法律制度雏形的

---

〔1〕 林则徐不仅是近代中国“睁眼看世界的第一人”，也是“法律翻译的第一人”，他于 1839 年组织翻译了瑞士法学家滑达尔的《各国律例》（伯驾、袁德辉节译），该译著被认为是有明确史料记载的近代西方法学专门著作的最早汉译。除此之外，这个时期刊印的《海国四说》《海国图志》《瀛寰志略》等著作都翻译和介绍了西方法律政治制度。http：//jss. usst. edu. cn/html/2014/2/20140206. htm. 最后访问时间：2017 年 10 月 1 日。

〔2〕 这一时期，京师同文馆、上海广方言馆等官办机构翻译了以《万国公法》为代表的一大批公法类译著，清政府真正开始了解和接纳西方法律文明。《万国公法》被认为是清末比较完整地、正式地翻译的第一部国际公法类著作。http：//jss. usst. edu. cn/html/2014/2/20140206. htm. 最后访问时间：2017 年 10 月 1 日。

诞生。

中华人民共和国成立以后，随着政治意识形态的转向，法律翻译开始大量译介以苏联为主的法律文献，翻译的语言也转向以俄语为主，可以说，这是法律翻译的一个非常特殊的时期。“文革”时期受政治原因的影响，法律翻译处于完全停滞状态。直到改革开放，法律翻译才再次迎来属于自己的春天。法律翻译的发展呈规模化、体系化、多元化的特点，不仅是法学界，语言学界也越来越关注法律翻译的发展。

（二）国内法律翻译研究现状分析

回顾历史是为了更好地把握现在，展望未来。综观法律翻译坎坷的历史进程，人们更加意识到法律翻译研究的重要性。因此，有必要对法律翻译研究的现状进行分析，以推动法律翻译的不断发展。

改革开放的四十年，中国与世界各国的交往日趋密切，政治经济文化发生了巨大变化。中国所取得的成绩有目共睹。但世界需要更多地了解中国，中国也需要更多地了解世界。在现在特殊的历史时期，以习近平主席为中心的党中央提出的“一带一路”倡议不仅有利于加深了各国经济联系，对世界经济带来深远影响，也有利于了解各国政治，理解各地区文化教育的进程。日后国际交往还将不断加强，各类人才需求加大，这就为学校培养方案提出了更高的要求，人才培养面临更大的挑战。就法律翻译专业而言，它的设置也是近些年的事，且大多是在本科层面。而自法律翻译专业设置以来，教育部并未构建一个完善的、统一的教学大纲，硕士层面更没有专门的大纲，各院校也是各自为战，依据全国翻译硕士专业学位（MTI）教育指导委员会的翻译硕士培养方案，根据自己学校的特点编写大纲并设置具体课程。

以北大李克兴教授编写的《法律翻译理论与实践》为例，其教授的对象是本科生，课程的主要目标和任务是：“为法律翻译铺路，从法律翻译人员的实际需要出发，从《普通法》的基本概念和司法程序入手，循序渐进，深入浅出，对译者最容易感到混淆的数百个英文法律专业词汇的概念进行阐述，并介绍最基本的译法，旨在为打算从事法律翻译的人士提供一个比较系统的入门指导；通过课程学习，要求学生熟悉和掌握最基本的法律翻译理论与法律英语术语；能运用翻译理论进行忠实通顺的法律翻译；能运用法律翻译的特殊理论，进行法律翻译实践。”〔1〕

另外，北外的《高级法律翻译的教学大纲》，其课程内容和教学目的大致是：依据《大学英语教学大纲》对大学英语应用提高阶段在专业英语方面的教学要求，适应中国加入世贸组织后进一步扩大对外交流形式的需要，培养更多既有法律专业知识，又精通外语的复合型人才。其教学目的是让学生了解交易的基本流程，初步掌握英文法律文件的翻译及撰写，能够独立起草简单的英文合同，以此来启发学生在实务中遇到问题时独立思考、解决问题的能力。

可以看出，法律翻译课程的授课对象可能具备了中国法律背景，对外国法律有所了解，外语能力尚可，处于打基础的程度。大纲中使用了“基础”“入门”“初步掌握”的概念，可以看出学生的专业要么是法学，具有一定的外语水平，要么是外语专业，选修一些法律课程，而且在本科阶段选修的课程也是有限的，那么对于国外法律的了解恐怕更有限。在这种情况下，如何能让学生在短时间内比较自如地在法律语言范围内自由转换法言法语，教学方法就变得尤为重要了。

北大的法律翻译本科课程教学大纲并没有给出具体的方法，而北外的《高级法律翻译的教学大纲》给出的授课方式是：以课堂讲授为主，辅以阅读讨论、案例教学、阅读分析等多种教学手段。采用个人发言和小组讨论等形式可以增加学生的语言实践机会，使他

---

〔1〕 李克兴：《法律翻译》本科课程教学大纲。https：//wenku. baidu. com/view/095a5de9581b6bd97e19ea94. html，最后访问时间：2017 年 10 月 3 日。

们能将专业知识与英语知识很好地结合起来，最终具备较强的英语口头交流能力和翻译能力。

四、建构主义学习理论的教学方法实际应用

（一）建构主义教学方式

建构主义学习理论认为，学习是一种建构过程。知识不是通过教师传授得到的，而是学习者与外部环境交互作用的结果。学习者在一定的学习环境下，借助他人（包括教师和学习伙伴）的帮助，利用必要的学习资料，通过意义建构的方式而获得知识。因此，建构主义学习理论认为“情境”“协作”“会话”“意义建构”是学习环境中的四大要素。此类学习环境中的四大要素，促使了一些不同于传统的以教师为中心的学习方法的产生，常见的比较成熟的方法有：

1. 支架式教学（Scaffolding Instruction）。以“学生为主体”的支架式教学是建构主义理论提出的重要教学方法，它强调教学应为学习者建构理解知识的概念框架（conceptual framework），框架中的每一个概念是学习者进一步学习所需要的。为此，事先要把复杂的学习任务加以分解，以便将学习者的理解逐步引向深入。

2. 抛锚式教学（Anchored Instruction）。抛锚式教学要求建立在有感染力的真实事件或真实问题的基础上。确定这类真实事件或问题的过程被形象地比喻为“抛锚”，因为一旦这类事件或问题被确定了，整个教学内容和教学进程也就被确定了（就像轮船被锚固定一样）。建构主义认为，学习者要想完成对所学知识的意义建构，最好的办法是让学习者到现实世界的真实环境中去感受、去体验（即通过获取直接经验来学习），而不是一味地接收别人（例如教师）关于这种经验的介绍和讲解。由于抛锚式教学要以真实事例或问题为基础（作为“锚”），所以有时也被称为“实例式教学”或“情境性教学”。

3. 随机进入教学（Random Access Instruction）。由于事物的复杂性和问题的多面性，要做到对所学知识的全面而深刻的意义建构是很困难的。往往从不同的角度考虑，可以得出不同的理解。为克服这方面的弊病，在教学中就要注意对同一教学内容在不同的时间、不同的情境下，为不同的教学目的、用不同的方式加以呈现，从而获得对同一事物或同一问题的多方面的认识与理解，这就是所谓的“随机进入教学”。显然，学习者通过多次“进入”同一教学内容，将对该知识内容有比较全面而深入的掌握。

虽然皮亚杰的理论最初是以儿童获取知识为研究对象，之后又被学者和教育学家们发展完善而引申至各类初学者们获取新知识的学习方法上，但是，其对于开始法律翻译学习的学生而言无疑是非常适用的。有人曾形容学习法律就如同学习一门新的语言，可见其困难不是轻而易举就能克服的，而法律翻译的要求又比单纯的法律学习还要高，其难度可见一斑。

（二）法律翻译教学中的建构主义学习理论应用

1. 建构主义学习理论中的学习观重点强调：

（1）获取知识的主动性来自学习者的内在动力，学习不应是被动接收信息；要根据自己的经验背景，对外部信息进行主动的选择、加工和处理，从而获得自己的意义。外部信息本身没有什么意义，意义是学习者通过新旧知识经验间反复的、双向的相互作用过程而建构成的。因此，学习不同于行为主义所描述的“刺激反应”。

（2）获取知识的目的，即学习意义，是每个学习者以自己原有的知识经验为基础，对新信息重新认识和组合，建构自己的理解的过程。在此过程中，学习者原有的知识经验因为新知识经验的进入而发生了调整和改变。

（3）获取知识的过程是同化和顺应。同化和顺应是学习者认知结构发生变化的两种途径或方式：同化是认知结构的量变，而顺应则是认知结构的质变。二者不断相互交替，形成认知的发展过程。

学习不是简单的信息积累、输入、存储和提取，更重要的是新旧知识经验的冲突，以及由此而引发的认知结构的重组，是学习者与学习环境之间互动的过程。

（4）获取知识的途径不是通过教师简单地传递，而是由学生自己建构知识的过程，这种建构无法替代。

2. 法律翻译的特点。法律翻译的主要目的是帮助解决问题（如帮助法官作出判决），因此，法律翻译无疑是一种交际过程。实践中，法律翻译是一种比较特殊的文体，有其自己的特点，它在词语、词义、专业用语以及表达方式等方面有别于普通英语。因此，法律翻译特别强调：

（1）准确性。法律翻译对准确性的要求是高于其他任何一个专业翻译领域的，没有准确性就失去了翻译的意义，所以准确性是法律翻译的灵魂，也是最基本的要求。

（2）公正性。公正性是法律专业人员要遵守的最为基本的原则。法律翻译是法律行业工作的一部分，因此，公正性也应是法律翻译最为基本的原则。

（3）专业性。法律翻译的译员一般都是法律行业的从业人员或者学习过法律的专业人士，即使不是相关行业的人员，也一定对法律法规有相当程度的认识，从而才能灵活运用、恰如其分地翻译。

所以，根据建构主义学习观及法律翻译的特点，法律翻译学习比较适用于建构主义理论。

3. 根据对建构主义学习观以及法律翻译的特点的阐述，法律翻译学习比较适用建构主义理论。

（1）学习者目的性强。无论是本科选修法律翻译课程的同学，还是硕士翻译专业的学生，他们能选这门课就意味着对此感兴趣，对未来有了一定的规划，有较明确的目标。

（2）学习者主动性强。由于上述较强的目的性，使得法律翻译的学习者比一般初学者有更强的兴趣和热情进入这个领域的学习，从而有事半功倍的效果。

（3）实践性比较强。大学生或硕士生作为成年人，“当心理发展达到足够高的水平时，就把实践看作对理论的应用”。[1]即使是模拟实践，也是非常接近现实的情景。所以，学生对实践活动更重视。

（4）由于网络的高速发展及广泛应用，学生获取知识的途径更加丰富，不再是比较单一的来自书本或老师的讲授。

所以，对于选修法律翻译的学生来说，他们的学习具有很大的优势：有了足够的法律知识的储备，母语熟练，且具有较熟练的外语表达能力。

（三）师生角色定位

1. 教师在课堂中所扮演的角色。根据建构主义学习理论，教师要成为学生建构意义的帮助者（指导者 mentor，顾问 consultant，教练 coach），就要求教师在教学过程中从以下几个方面发挥指导作用：

（1）在学生原有的一般兴趣之上，激发学生更大的学习兴趣。

（2）通过创设符合教学内容要求的情境和提示新旧知识之间联系的线索，帮助学生建构当前所学知识的意义。

（3）根据不同课程设计相应的计划和活动，比如，注重口头表达的，就设计模拟法庭、辩论赛，让学生参与打分评判。注重文字表达的，可让学生做作业，公开讨论审阅，找出不足和可取之处。在讨论中设法把问题一步步引向深入，以加深学生对所学内容的理解，同时，要启发、诱导学生自己去发现规律、自己去纠正和补充错误的或片面的认识。还可以利用以往学校毕业生的有利条件，举办讲座，甚至组织学生旁听案件。让学生对实际案例与假设案件进行比较，对新旧案件进行比较，使学生清楚了解法律发展，积累法

---

〔1〕［瑞士］皮亚杰：《皮亚杰教育论著选》，卢濬编译，人民教育出版社2015年版，第51~52页。

律知识，为更好地进行法律翻译打下良好的基础。

对学生所学知识的掌握情况进行评判，根据结果随时对教学计划及方法进行修订。不固守、拘泥于原计划的轨迹，实施所谓的“因材施教”。

2. 学生的角色。建构主义理论下，学生的角色由被动变成了主动。虽然这种主动是相对于传统教育中的绝对被动而言的，但足以说明教育的性质更趋于人性化，不再强调被动的接受，需要学生积极发挥主观能动性，积极完成知识的获得。

建构主义理论的内容很丰富，但其核心可以用一句话来概括：以学生为中心，强调学生对知识的主动探索、主动发现和对所学知识意义的主动建构（而不是像传统教学那样以教师为中心，教师讲、学生记）。以学生为中心，强调的是“学”；以教师为中心，强调的是“教”。

尽管该理论强调了“学”的重要性，但也决不能忽视“教”的引导作用，有了老师有目的、有节奏、有条理的“教”，“学”才能有效完成。而“学”的成功，反过来也能促使“教”的深入与完善。这就是所谓的“教学相长”，其本身又何尝不是建构主义的体现呢？

法律翻译中的文化迁移策略

王　敏*

一、引言

法律翻译不仅是一个从一种语言到另一种语言的过程，也是从一个法律体系到另一个法律体系的过程。影响法律翻译的因素很多，其中之一就是法律文化。若从文化的角度来看翻译，我们会发现对法律文化的不够了解是对文化依赖性较大的法律翻译过程中面临的主要障碍。法律文化能否成功地迁移，对于法律翻译极其重要。但是，在日常的法律翻译教学中，学生往往更重视法律文本的语词、语句、语篇三个方面。诚然，准确性是包括法律翻译在内的翻译领域的首要要求，也是鲁迅主张“宁信而不顺”〔2〕的主要缘由。然而这种观点强调了“信”的原则，却忽略了译入语的可读性，所以，英国著名翻译理论家纽马克认为，法律文本的翻译应注重译入语读者的反应，且注重信息传达的效果。〔3〕法律翻译在保证准确性的同时，要采取适当的文化迁移策略，以实现法律文化间的交流目的。

二、法律翻译中的文化因素

作为一种制约因素，文化对源语言是否被有效翻译，是否传达

---

* 王敏，中国政法大学外国语学院副教授。

〔2〕 鲁迅：“关于翻译的通信”，载鲁迅：《二心集》，人民文学出版社1973年版。

〔3〕 Perter Newmark, *Approaches to Translation*, Shanghai: Shanghai Foreign Language Education Press, 1998, p. 15.

非语言信息或语境，以及译入语是否在目标文化中可以被很好地理解均有着很大的影响。因此克里斯蒂安·诺德（Christiane Nord）弃“translation”转而采用“intercultural communication”[1]；安德烈·勒菲弗尔（Andre Lefevere）将“translation”称为“acculturation”[2]；丹尼尔·肖（Daniel Shaw）则发明了“transculturation”一词[3]。兴起于美国的“law as culture”运动明确地将法律研究纳入文化研究的领域。法律翻译作为翻译的一个重要分支，同样不仅是双语（bilingual）的，更是双文化（bicultural）的。

（一）法律文化共性

虽然中西两种法律文化有着巨大的冲突，但不可否认二者之间也存在着重叠的部分。例如，中西对正义思想的理解在很大程度上有着相同之处。圣经中“an eye for an eye, a tooth for a tooth”的经典教诲与中国的“以牙还牙，以眼还眼”观念如出一辙；柏拉图的“哲学王”之治与儒家的“贤人治国”思想经常被作为“人治”统治的典型被一并提及。正是由于中西法律文化中的共性，才使得具有不同文化背景的人们得以相互理解，使法律翻译得以成为可能。

（二）法律文化差异

中西法律文化更多地体现为二者之间的差异性。奈达曾说：“翻译中出现的最严重的错误并不是由语言造成的，而是由不正确的文化臆断引起的。”[4] 例如，同为法治，将我国法家的“法治”与西方的“法治”做等同理解就是一种错误的做法。反对儒家

---

[1] Christiane Nord, *Text Analysis in Translation*, GA: Rodopi, 1991.

[2] Andre Lefevere, *Translating Literature: Practice and Theory in a Comparative Context*, New York: The Modern Language Association of America, 1992.

[3] Daniel Shaw, *Transculturation: The Cultural Factors in Translation and Other Communication Tasks*, California: William Carvey Library Publisher, 1998.

[4] Eugene Nida, *Language, Culture and Translation*, Shanghai: Shanghai Foreign Language Education Press, 1998, p. 110.

“圣人之治，独治者也”，进而主张“圣法之治，则无不治矣”[1]的法家眼中的“法治”（*fazhi*）与亚里士多德的“在任何好的国家里最高统治者必然是法律而不是任何个人”[2]的“法治”（*the rule of law*）显然是不同的，法律在两种法律文化传统中的地位也是迥异的。在两种文化中，不仅宏观的法律观有差异，微观的差别也体现得很明显，如“劳动教养”“人民调解”“破坏社会主义经济秩序罪”等带有中国特色的法律术语，以及如“fee simple”“Crown Court（s）”这样完全具有异域特点的术语，都是让法律翻译者头疼的问题之一。

三、法律翻译中的文化迁移策略

由于中西两类法律文本中所承载的社会制度、法律体系、法律传统、法律功能、法律程序、民族心理和思维方式等差异都可能存在于语篇之外，一味强调“信”的对等，将会造成翻译中隐形存在于源语言中的法律文化信息的缺损，这会不可避免地造成意义真空，给处于不同法律文化背景下的读者带来困扰。翻译时经常采用的文化迁移策略首属归化异化策略。

美国翻译学大师韦努蒂（L. Venuti）于 1995 年在其 *The Translator's Invisibility* 一书中提出了归化异化理论。归化（domestication）指的是译者在翻译过程中采取民族中心主义的态度，使源语文本符合译入语的文化价值观，把原作者带入译入语文化。异化（foreignization）则是指在翻译过程中，保留源语中语言的方式，接受源语文本的语言及文化差异，把读者带入源语情景。[3]

---

〔1〕《尹文子·大道下》。

〔2〕［美］乔治·萨拜因：《政治学说史（第四版·上卷）》，邓正来译，上海人民出版社 2008 年版，第 33 页。

〔3〕 Lawrence Venuti, *The Translator's Invisibility: A History of Translation*, London and New York: Routledge, 1995, p. 20.

翻译界关于归化和异化的争论从未停止过。归化倡导者们（如Nida）认为，如果源语中陌生或外来的语词没有在译入语中被替换，那么译入语的读者就不能进行有效的理解。韦努蒂（Venuti）曾称这种观点为“文化霸权”。[1] 而异化的支持者们（如Venuti本人）则认为，源语文化中的外来文化能够影响译入语国家文化和社会的价值观，因此，如果将这种异质文化保留在译文中，那么将会更有效地达到文化交流的目的。[2] 沙特尔沃思（Schuttleworth）对此则反驳道：“这将会有随意打破译入语社会文化的危险。”[3]

究竟哪种策略更有利于译文“准确”地再现源语信息的问题，在英汉法律翻译领域显得尤为重要。受法律语篇的特殊功能所限，笔者主张法律翻译应“归异结合”，其中又涉及具体的迁移策略。

（一）归化策略

法律翻译中常使用的归化策略主要有省略、替换、阐释。

1. 省略。省略策略是指将某些传递文化信息的语词，尤其是那些看似富含文化涵义、实则过时的语词省略不译，以保证语法准确性和习语的特性。

例1：The formation of this Contract, its validity, interpretation, execution and settlement of disputes in connection herewith shall be governed by the laws of the People's Republic of China, but in the event that there is no *published and publicly available* law in the PRC governing a particular matter relating to this Contract, reference shall be made to general international commercial practices.

例1中“published”和“publicly available”两词的翻译做了省

---

〔1〕 王东风：“译学关键词：abusive fidelity”，载《外国语（上海外国语大学学报）》2008年第4期。

〔2〕 Lawrence Venuti, *The Translator's Invisibility: A History of Translation*, London and New York: Routledge, 1995.

〔3〕 Mark Shuttleworth & Moira Cowie, *Dictionary of Translation Studies*, Shanghai: Shanghai Foreign Language Education Press, 2004, p. 59.

略的处理。虽然两个词在语义范围上有差别，但因为表达的含义相近，如果硬译出来反而使译文显得累赘、生涩，所以进行了归化处理，译作："本合同的订立、效力、解释、执行及合同争议的解决，均受中华人民共和国法律管辖。中国颁布的法律对本合同相关的某一事项未作规定的，参照国际商业惯例。"

2. 替换。替换策略是指将源语中很难被译入语的文化理解和接受的语词，或可能造成误解的语词，用表达效果相近的语词进行替换。

例2：扫黄行动。

"扫"字在汉语中有"打扫""清理""清除"等义。但是将"扫黄"译为"sweep pornography"则欠妥当，因为"sweep"一词在英语中并不完全带有消极的感情色彩，如"The lack of enthusiasm in 2010 allowed Republicans to sweep into power one state after another"。因此，"扫黄行动"通常被归化为"pornography campaign"。

3. 阐释。阐释策略是指在译入语中将源语中的文化背景用文字直接表述出来。

例3：不安抗辩。

合同法中源于德语的"不安抗辩"在英语中并没有对应的术语，如果将其译为"unstable counterplea""uneasy counterplea""discomfort refute"，势必会消解源语中的语义，所以，这样的术语往往会采用解释的策略来进行归化，如译作："Where one party to a contract finds that the other party may not perform his obligation, the party may repudiate his own contractual duty before the time of performance. The liabilities of such an anticipatory breach may be exempted by assuming the other party's impossibility of performance of his contractual duty."

类似的译法还有"kangaroo court"。将"kangaroo court"译为"袋鼠法庭"的译法已被业内接受。但是对于非专业人士，这种异化的译法很显然会造成文化模糊，因为“kangaroo”一词很可能会造成该术语被误解为源于澳洲。在中国法律文化中，并没有直接替代该术语的语词，所以进行归化处理，将其译为“非法法庭”或“私设法庭”的译法更为妥当。同样如“yellowdog contract”（不准雇员参加工会的合同）、“blue sky laws”（公司证券欺诈防治法）、“pyramid scheme”（传销）等，都采用了归化策略。

（二）异化策略

法律翻译中常使用的异化策略主要有音译、直译、注释。

1. 音译。音译策略是指用译入语中发音近似的语词将源语翻译过来，这种用于音译的语词不再有其自身的原意，只保留其语音和书写形式。

例 4：democracy.

对“democracy”一词翻译的演进过程可以说是运用异化策略最成功的例子。在 20 世纪初，中国并没有“民主”这一概念，“democracy”一词被译为“德谟克拉西”。可想而知，对于当时处于巨变的中国社会，“民主”这一异化过来的词会激起多少仁人志士的向往和追求。

2. 直译。直译策略是指既保留源语内容又保持源语文本形式的策略。

例 5：fruit of poisonous tree.

作为美国刑事诉讼中对非法获得的证据所作的一个形象化的概括，“fruit of poisonous tree”采用了异化的翻译方法，直译为“毒树之果”。虽然直译可能会让初见该词的读者觉得陌生、怪异，却很好地保留了源法律文化的异质特征，因而逐渐取代其他翻译被接受和沿用下来。

值得注意的是，采用此种方法翻译时必须保持警惕，避免译入语与源文化习俗或法律规定产生矛盾。例如，“Civil Death”不能望文生义，将其译为“法律死亡”。

3. 注释。注释策略是指在页末、章末、书末等位置对源语中的必要文化背景进行解释的译法。注释可以最大限度地传递法律文化的背景信息，而不受篇幅的拘泥。

三、结语

法律翻译作为法律沟通的桥梁，也是文化交流的产物，与法律文化密不可分。在处理法律文化迁移时，采用归化策略可以将异质文化纳入读者的知识范围，达到更好的传播效果。采取异化策略能够很好地尊重中西法律文化的独特性，极大地保留源语文本中的异质文化信息，重新定位读者对译入语法律文化和源语法律文化的视野。两种策略并不是针锋相对的，而是相辅相成的，二者的结合使译者能够跳出以往狭隘的纯文本对照翻译的限制，从文化转向的角度对法律翻译进行讨论，从法律文化交流与发展的角度来理解法律翻译。

从法律语言特点及文化差异看汉英法律翻译

齐　筠　冯婷婷*

一、引言

严复曾在1902年致梁启超的《尊疑先生覆简》中提出自己对“right”一词中译的见解，认为将其“强译‘权利’二字，是以霸译王，于理想为害不细”。只因“权利”二字在古代中国常有争权夺利之贬义，而“right”在西方文化中则是指个人对国家或共同体的正当主张或要求，二者在社会文化意义上难以等同。因此，严复提出，当“以直字翻rights……此以直而通职，彼以物象之正者，通民生之所应享，可谓天经地义，至正大中，岂若权利之近于力征经营，而本非其所固有者乎”。虽然今日以“权利”来译“right”已然被广泛接受和使用，但严复的此番议论却引发我们对法律语言翻译的更多思考：法律翻译是一种语言转换，却不仅仅是语言的转换，其背后的法律制度和文化差异对译者的专业程度提出了极高的要求。在法律翻译的过程中，无论是语言转换还是文化跨越，都为翻译工作者带来了较大的挑战。

马克思主义认为，法律是随着生产力的发展、阶级的产生和国家的出现应运而生的。可以说，对于任何制度而言，法律都是其存在和发展的基础。若将法律比喻成一座高楼，则这座高楼的砖瓦便

---

* 齐筠，中国政法大学外国语学院教授；冯婷婷，中国政法大学外国语学院硕士研究生。

是语言，法律语言对法律制度的建构起到了根本的作用。在《法律的语言》（主要指英语）一书中，大卫·梅林科夫（David Mellinkoff）将法律语言定义为："在以英语为官方语言的普通法系中律师所使用的习惯用语，包括法律特有的词汇、含义、措辞和表达方式。"[1]"特有（distinctive）"一词，表明法律语言在用词和句子结构方面有自己的特点，具体来说，它要求用词准确、语言风格正式，且有许多专业术语。扩展到中文法律语言中，以上特点同样适用，因此，中英法律语言的共同点就是具有庄重性、权威性、严谨性、准确性和专业性等。[2] 而对于国内的法律翻译工作者来说，更大的难点则在于前者——法律英语。

法律英语为译者带来的挑战源于三个方面：一是上文提及的其作为专业语言所特有的特点与要求；二是英语语言本身结构的复杂性；三是法律制度差异带来的跨法系文化差异。如何战胜以上三大挑战，在汉英法律翻译中将语言差异所带来的消极影响最小化，从而最大化地传达原文表达的法律含义，是本文主要探究的问题。

二、法律英语的特点

法律英语用词严谨、准确、正式，存在大量的法律术语和法律行话。首先，日常生活中常见的词汇在法律英语中常含有特定的法律意义。例如，"action"一词可由"行动"翻译而来，但在法律英语中，"诉讼"（lawsuit）同样可以用该词表示。其次，在汉英翻译时，常常会遇见一个中文词汇对应多个英语词汇的问题，这对译者的选词能力无疑提高了要求。最常见的例子是：英语中的"lawyer""attorney""barrister""solicitor"都有律师的意思，而各自的具体含义在不同的国家却不尽相同。"lawyer"所指宽泛，可以泛

---

〔1〕 David Mellinkoff, *The Language of the Law*, Little, Brown and Company, 1963, p. 3.

〔2〕 张法连：《基础法律英语教程》，北京大学出版社2017年版，第47~49页。

指法律工作者；“attorney”是指法律事务代理人，在美国，一般意义上是指律师；而在英国和澳大利亚，律师分为“barrister”和“solicitor”两种，前者是出庭律师，后者是事务律师，主要负责起草文件、合同等。另外，法律英语中还包含了大量的古英语词汇和拉丁语词汇，如“aforesaid and forthwith”“hereafter”“thereafter”“ab initio”等，只有熟练掌握这些词汇的用法，才能使译文更加接近法律英语的习惯。最后，在法律术语方面，往往还会出现一些中国特有的法律制度，造成无对应术语可用的情况，这就要求译者谨慎甄别，多方查找资料加以确定，否则会造成传达错误法律信息的不良后果。

从法律语句来看，较汉语而言，法律英语多用词汇多、形体长、结构复杂的长句进行表达。在法律语言发展的历史上，法律工作者在早期就背上了“将生活复杂化”的“骂名”，这一点甚至可以追溯到《圣经》中的批判：“Woe unto you, lawyers! ye have taken away the key of knowledge: ye entered not in yourselves, and them that were entering in ye hindered.”[1]汤姆·戈斯坦（Tom Goldstein）在《纽约时报》发表评论称：“在法学学术期刊中，在演讲中，在教室里，在法庭上，律师和法官开始担心自己究竟受到多少误解，甚至他们发现，有时他们互相之间都无法准确地理解对方。”[2]可见，复杂的英语表达严重地降低了工作效率，晦涩难懂的官文更是拉远了政府与民众之间的距离。此后，由于大众公权意识的提高和提高工作效率的需要，简明英语运动（Plain English Campaign）由政府领头，自上而下地在主要英语国家兴起。然而，简明英语运动所要求的简明并不等同于简单，它仅仅意味着不使用不必要的专业

---

〔1〕 David Mellinkoff, *The Language of the Law*, Little, Brown and Company, 1963, p. 231.

〔2〕 Joseph M. Williams, *Style: Toward Clarity and Grace*, the University of Chicago Press, 1995, p. 10.

术语，而非过分简单化的语言。它要求按照公认的语法规则，在结构得当的句子中正确使用所有词汇，是针对特定受众的，简单、清楚、有效的交际方式。〔1〕 而因法律英语的受众大多为具有法律知识的专业人士，加之千年不变的程式化法律语言，法律英语的冗长结构仍是难以被摒弃的。对于法律翻译工作者来说，在简明和准确间的取舍则要更多考虑译文的受众。在《法律翻译新探》（*New Approach to Legal Translation*）一书中，苏珊·萨斯维奇（Sarcevic）将法律翻译的受众分为直接接受者和间接接受者。〔2〕 现阶段国家间的法律交流，往往都是经由专业的法律工作者处理，因此，大部分的汉英翻译应将其读者定位在直接接受者。因此，在翻译过程中，译者应当以法律含义表达为首要任务，其次兼顾语言的简化程度，而非刻意追求简单的表达而丢失了语句原本所承载的法律意义，这也是区分法律翻译和一般翻译的重要特点之一。

三、中英语言对比

法律英语的繁复性与英语语句本身的结构相关。连淑能在《英汉对比研究》一书中指出英汉两种语言繁复与简短的区别，可以用来指导法律翻译实践。他指出，英语书面语长且复杂，而汉语短小精练，原因在于以下几个方面：

1. 英语常常采用各种连接词表达词语之间的语法关系，如介词、连词、副词、动词的形态变化等；而汉语没有形态变化，也很少用关联词来表达词语间的语法关系，词语先后顺序一般按时间顺序或事理关系排列。这种流水记事法很大程度上限制了句子的长度。如《民法总则》第52条关于宣告死亡的规定："被宣告死亡的

---

〔1〕 李长栓：《非文学翻译理论与实践》，中国对外翻译出版有限公司2012年版，第47~59页。

〔2〕 杜金榜、张福、袁亮："中国法律法规英译的问题和解决"，载《中国翻译》2004年第3期。

人在被宣告死亡期间，其子女被他人依法收养的，在死亡宣告被撤销后，不得以未经本人同意为由主张收养关系无效。”本句看似很长，但由于逗号将几个条件隔开，因此读来仍是短句。反观该句官方译文：“Where a child of a person declared dead is legally adopted by another person during the period of his or her declared death, the person shall not claim nullity of the adoption on the ground that the adoption is without his or her approval after the declaration of death is revoked.”英文将所有条件都并到了一个状语从句中，并且其中有大量的介词从属结构，读者必须拆解句子才能准确理解其含义。

2. 英语造句是“楼房建筑法”（architecture style），句子一般有完整的结构，许多有关的成分通过各种表示关系和连接手段组成关系联结（conjunctive nexus），因此英文长句往往由许多从属结构组成，“从句和短语可以充当句子的主要成分和从属成分。从句可以层层环扣，短语往往不短，书面语句子显得冗长（long-winded），有的句子可长达100至200个单词，甚至长至整个大段”。[1] 而英文的这一特点在法律文本中更是发挥得淋漓尽致。如美国《谢尔曼法》中对于追加当事人的规定：“Whenever it shall appear to the court before which any proceeding under section 4 of this title may be pending, that the ends of justice require that other parties should be brought before the court, the court may cause them to be summoned, whether they reside in the district in which the court is held or not; and subpoenas to that end may be served in any district by the marshal thereof.”一个长句中包含了五个从句，大大增加了阅读的难度。反观中文，其语言特点为：常用散句、松句、紧缩句、流水句或并列形式的复句（composite sentences），以中短句居多。书面语虽也用长句，字数较多，结构较复杂，但常用标点把句子隔开，与英语相

〔1〕 连淑能：《英汉对比研究》，高等教育出版社2010年版，第89~100页。

比，还属短句。[1] 如我国《反垄断法》第46条规定："经营者违反本法规定，达成并实施垄断协议的，由反垄断执法机构责令停止违法行为，没收违法所得，并处上一年度销售额百分之一以上百分之十以下的罚款；尚未实施所达成的垄断协议的，可以处50万元以下的罚款。"读来朗朗上口，且形散神不散，逻辑关系不言自明。

3. 英语句子呈现句首封闭、句尾开放（right-branching）的特征。这就意味着修饰语、插入语可以后置，又有关系词与被修饰语连接，句子可以不断向句尾扩展延伸。相反，汉语句子呈现句首开放、句尾收缩（left-branching）的特征。汉语中，修饰语一般前置，但一个单词所能承受的修饰词语有限，若有两个以上稍长的修饰语，都会显得"负荷过重"，因此，汉语扩展的长度和程度受到种种限制，不能向英语那样层层环扣，向后不断延展。根据中英文这一结构的不同特点，我们在翻译中可以采用核心句分析的方法，将法律条文中所有表示条件的语句列出，再一一列到主句旁。

如《民法总则》第38条的规定："被监护人的父母或者子女被人民法院撤销监护人资格后，除对被监护人实施故意犯罪的外，确有悔改表现的，经其申请，人民法院可以在尊重被监护人真实意愿的前提下，视情况恢复其监护人资格，人民法院指定的监护人与被监护人的监护关系同时终止。"

本条关于恢复父母子女监护人资格，共有4个条件：

（1）监护人被人民法院撤销资格确有悔改表现；

（2）撤销资格前没有对被监护人实施故意犯罪；

（3）尊重被监护人真实意愿；

（4）原监护人提出申请。

〔1〕连淑能：《英汉对比研究》，高等教育出版社2010年版，第89页。

而句子的主干部分为“视情况恢复其监护人资格，人民法院指定的监护人与被监护人的监护关系同时终止”。以下，我们将条件和主句都翻译为英文：

条件部分：

（1） the ward's parent or child shows true repentance after being disqualified from guardianship by the people's court;

（2） not having committed an intentional crime on the ward;

（3） respect the ward's true will;

（4） there is an application.

主句：reinstate his/her guardianship, and the guardianship between the guardian designated by the people's court and the ward shall terminate concurrently.

因此，我们可以将本句翻译为：

If the ward's parent or child shows true repentance after being disqualified from guardianship by the people's court and not having committed an intentional crime on the ward, the people's court may reinstate his or her guardianship upon his or her application by respecting the ward's true will and according to the circumstance, and the guardianship between the guardian designated by the people's court and the ward shall terminate concurrently.

四、跨法律文化翻译

奈达（Nida）将语言的功能分为两种——心理功能和社会功能，前者包括命名、叙述、表达和认知功能；后者是指人与人之间相互影响的功能，它包括人际交往、信息传递、紧急事件、表述行为、表达情绪等方面。[1] 对于法律语言来说，由于其具有客观性

〔1〕 Eugene A. Nida: *Language and Culture: Context in Translating*, Shanghai Foreign Language Press, 2017, pp. 9-11.

和制度性，因此社会功能中的信息传递功能应是它的主要功能。想要传达给读者准确的法律信息，不仅要求法律翻译工作者具备过硬的语言功底，也要具备一定的专业法律知识。翻译是受一种社会文化影响的语言活动，其中既包含某国特定的文化因素，又受普遍文化因素的影响。作为一种特殊的翻译类型，法律翻译则涉及法律制度领域的文化交流，要求译者能够在两种法律文化之间穿梭自如。在翻译过程中，译者遇到的各类法律概念通常是一个国家法律制度的产物，而每个国家的法律制度都有其独特的历史成因和组织原则，与该国家的现实问题息息相关，这不可避免地造成了两种语言法律概念无法统一的问题。

中国作为在诸多制度方面的后立法国家，不少术语都能在英美法系和大陆法系的法律制度中找到其法律渊源，这也为翻译工作者在翻译过程中提供了一些便利，前提是该译者能够在掌握相关法律知识的前提下秉持认真负责的态度，多方搜索查证，完成翻译工作。

以我国《反垄断法》的英译为例，官方译文中尚有值得商榷的部分，以下观点供读者参考。在翻译本法前，译者首先应当学习了解相关立法知识，以提高译文的准确性。世界竞争制度的供给可以追溯到 19 世纪末美国《谢尔曼法》的出台，而中国的首部竞争法出台则在 20 世纪 90 年代。在此一百多年间，欧洲的竞争立法逐渐繁荣，并形成相对稳定的法律体系，我国于 2007 年出台的《反垄断法》则是学习和借鉴了《欧盟运行条约》中关于垄断的规定。因此，在翻译该法律时，应当将条约中的相关制度作为平行文本参考学习，同时要充分学习了解相关法律知识以保证法律信息的准确传递。

以我国《反不正当竞争法》第 1 条为例："为了促进社会主义市场经济健康发展，鼓励和保护公平竞争，制止不正当竞争行为，保护经营者和消费者的合法权益，制定本法。"该条为该法律的立法目的，涉及法律制定的宗旨，对于整部法律起到统领作用。法学学者刘继峰在《竞争法学》一书中对于立法宗旨做了专门研究，他认为竞争法立法的目的在于保护竞争[1]，而“保护消费者权益”可作为衡量竞争的标准，“促进社会经济发展”则是整个经济立法的终极目标。[2] 因此，在翻译本条款时，应将“促进社会主义市场经济健康发展”“鼓励和保护公平竞争，制止不正当竞争行为”“保护经营者和消费者的合法权益”做分别处理。显然，官方译文（Article 1 This Law is enacted for the purposes of promoting the sound development of the socialist market economy, encouraging and protecting fair competition, preventing acts of unfair competition, and safeguarding the lawful rights and interests of businesses and consumers.）中提供的翻译将三条笼统地全部作为目的“一翻而就”，不能准确地体现出应有的立法目的。更好的译文应为“This Law aims to encourage and protect fair competition, prevent acts of unfair competition, and safeguard the lawful rights and interests of businesses and consumers so as to promote the sound development of the socialist market economy.”

由此可见，具备一定的法律专业知识是保证法律翻译准确性的必要前提。尤其在中国改革开放的关键时期，“一带一路”倡议下产生了大量法律文件的外译需求，法律翻译工作者必须提高自身的法律素养，才能避免译文不准确所带来的消极后果。

五、结语

本文通过对法律英语特点、英汉语言差异和跨文化翻译中的问题探究，对法律翻译过程中的难点进行分析，并对翻译的方法提出了一些观点和看法。在历史发展的新时期，法律翻译工作者肩负着

---

〔1〕 Eugene A. Nida: *Language and Culture: Context in Translating*, Shanghai Foreign Language Press, 2017, pp. 9–11.

〔2〕 刘继峰：《竞争法学》，北京大学出版社2018年版，第20页。

更加重大的责任，在翻译过程中，既要对中英文特点了然于心，注意丰富中英文法律词汇，又要不断充实自己的法律知识，为法律翻译的发展作出自己的贡献。

法律语篇翻译的语言学视角

刘 艳*

一、引言

法律语言学是在语言学和法学的交叉点上产生的新学科，其研究对象包括书面法律语篇和口头法律语篇，应用领域是司法界，包括一切有关语言与法律交叉的基础研究和应用研究。法律语篇的翻译涉及许多的特殊问题，这是由法律语言表达的特殊内容所决定的。在翻译界，西方翻译理论家在阐述自己的译论时，往往都涉及对翻译对等问题的讨论。翻译的“对等”（equivalence）概念，或称“等值”概念，不仅是西方翻译理论中的一个根本问题，也是现代翻译学中的一个根本问题。“‘equivalence’和‘equivalent’是几乎所有现代翻译理论著述中的中心术语，等值也大概成了广大译者苦心追求的目标。”〔1〕本文将从语言学的视角，借助语域理论探讨法律语篇的翻译对等问题。

二、语域理论

语域理论发端于“英国的语境主义”。20 世纪 30 年代，英国著名人类学家马林诺夫斯基（Malinowski）在新几内亚东部的特罗布兰德群岛（Trobriand Islands）做实地考察，研究当地民族的原始

---

* 刘艳，中国政法大学外国语学院副教授。

〔1〕 James S. Holmes, *Translated! Papers on Literary Translation and Translation Studies*, Amsterdam: Rodopi, 1998.

文化，发现了语言与社会和文化的关系。他提出了语境（context）的概念，并将其区分为情景语境（Context of Situation）和文化语境（Context of Culture）两大类。伦敦学派的创始人弗斯（Firth）随后将语境概念发展为“语义存在于语境”的理论。[1] 这两个概念均由英国的语言学家韩礼德（M. A. K. Halliday）继承，他进一步把语言和社会文化放在一起加以考察，并最终纳入他所创建的系统—功能语法（systemic-functional grammar）体系中，通常简称为系统语法或系统语言学。

系统功能语法认为，语言将随着其功能的变化而变化，这种改变会形成各种各样的语言变体，即不同类别的语域。韩礼德对语域下的定义是：“语域是一个语义概念，可定义为若干意义的组合。这些意义与语场、语旨和语式等情景因素的组合有着特别的联系。”[2] 语场（field）是指实际发生的事，进行的社会活动和交流的内容，也包括谈话的主题。因此，语场可以决定这一交流的性质，影响词汇和语法的选择。语旨（tenor）是指参加者之间的社会关系（如教师与学生、师父与徒弟、售货员与顾客等），角色关系（如讲话者与听话者、作者与读者、问话者与答话者等），以及语言在特定的语境中的使用目的，说话者的态度和想要实施的意图。因此，语旨影响句型和语气的选择。语式（mode）是指语言交际的渠道或媒介，即在特定的语境中使用何种方式来表达意思、传达信息（如正式语体与非正式语体、书面语体与口语体等），以及语篇要达到的诸如推理、说教等效果。因此，语式影响语篇的衔接和风格。语场、语旨和语式这三个语域变量和高度概况、抽象出来的三个语言功能有着系统的联系。这三个功能便是韩礼德从语言无数具

---

〔1〕 Suzanne Eggins, *An Introduction to Systemic Functional Linguistics*, London: Pinter, 1994.

〔2〕 Halliday, M. A. K. & R. Hasan, *Language, Context and Text*, Geelong: Deakin University Press, 1985.

体的功能类别中归纳出的三个纯理功能：语言的概念功能（Ideational Function）、人际功能（Interpersonal Function）和语篇功能（Textual Function）。语言的概念功能是指语言用于表达内容的功能，它反映主客观世界和事物之间的联系。概念功能又分为经验（experiential）功能和逻辑（logical）功能，前者是指语言是对于主客观世界的过程和事物的反映，后者以表现为并列关系和从属关系的线性的循环结构形式出现。由于二者都是以说话人对现实世界和内心世界的经验为依据的，因而都属于概念功能。概念功能通过语言的运用得以呈现，主要体现为语言的及物性（transitivity）、语态（voice）和词汇系统中的词汇体现；人际功能是指语言用于建立和维持社会关系的功能，它表现说话者和听话者的社会角色或交流角色，因此它具有表达讲话者身份、地位、态度、动机和他对事物的推断、判断与评价等功能。人际功能主要由语言的语气（mode）、情态（modality）和语调（intonation）来体现。语篇功能是指语言具有将其自身与特定语境因素相连接的功能，它使说话者有可能把相关的话语片断组成与实际情景和上下文相一致的语篇。语篇功能主要由主位结构、信息结构和衔接得以体现。语场与概念功能相关，语旨与人际功能相关，语式与语篇功能相关。

根据语域理论，韩礼德认为，在翻译过程中，译者应使译文再现原文的语域特征，恰当表现原文所赖以产生的语场、语旨和语式，使译文和原文的语域特征达成一致。但是，本文作者认为，语言的翻译实质上是文化的翻译，考察翻译必须在文化的大环境下进行。由于英汉语言隶属于两种截然不同的语系，文化差异的影响使得再现原文的语域特征具有一定的局限性。因此，译者在翻译时应根据原文要达到的功能，使用符合译语文化观念和语言结构模式的表达方式。在这种情况下，当译文和原文的语域特征一致时，原文的语域特征可以再现；当译文和原文的语域特征不一致时，译文的语域特征也可以得到展示，两种方式都是为了实现译文和原文在功能上的对等。由于语场、语旨、语式与语言的三个纯理功能相互联系，语场体现语言的概念功能，语旨体现语言的人际功能，语式则是语篇功能的具体体现。因此，本文试图使法律语篇的译文和原文的对等关系建立在概念功能、人际功能和语篇功能对等的基础上。

三、法律语篇的翻译对等

法律语篇是以英语共同体为基础，在立法和司法等活动中形成和使用的具有法律专业特点的语言。法律语篇的语言同其他的社会语言一样，是人们根据社会文化环境和交际目的、交际对象等语用因素在长期使用中形成的一种语言功能变体。作为一种专门用途英语（English for Academic Purposes），法律语篇区别于普通英语，具有其独特的词汇、句法特征。同时，法律是统治阶级意志的体现，是由国家制定或认可并由国家强制力保证实施的行为规范的总和。[1] 英国哲学家大卫·休谟认为，法与法律制度是一种纯粹的语言形式，法的世界起始于语言，法律是通过词语订立和公布的。语言是表述法律的工具，法律不能脱离语言而独立存在。因此，法律语篇一定要体现法律的权威性和庄严性。巴特（Butt）[2] 等人说，语篇总是出现在两种语境之中，外围的是文化语境，涉及抽象的、宏观的、民族性的内容。法律语篇的翻译不仅仅是语言的转换，更重要的是一种文化的转换。语言的转换只需要再现原文的语域特征，从而也达到了功能上的对等。但是，法律语篇的翻译同时涉及文化的转换。在东西方文化的差异的前提下，译文应力求达到在译语文化环境下所预期达到的功能。只有这样，译文才能保持立法意图，达到应有的法律效果。

---

〔1〕 参见潘庆云：《跨世纪的中国法律语言》，华东理工大学出版社 1997 年版。

〔2〕 Butt, D., Fahey, R., Spinks, S. & Yallop, C. *Using Functional Grammar: An Explorer's Guide*, Macquarie University: National Center for English Language Teaching and Research, 1995.

例 1：

原文：A legal person shall be all organization that has capacity for civil rights and capacity for civil conduct and independently enjoys civil rights and assumes civil obligations in accordance with the law.

译文：法人是具有民事权利能力和民事行为能力，依法独立享有民事权利和承担民事义务的组织。（《中华人民共和国民法通则》第 36 条第 1 款）

法律语篇的风格十分严谨庄重，用词正式而规范。以上例文是对“legal person”的定义，因此采用了一整套与此相关的专业词汇和用语，如“a legal person”“civil rights”“civil conduct”“civil obligations”等短语，来解释“legal person”的内涵。为了使中文读者获得相同的认知，译者将原文的语场再现，翻译为对应的法律专业术语：“法人”“民事权利”“民事行为”“民事义务”等。法律词汇有特定含义和特定的适用范围，不能随意引申或使用其他词语取代。因此，语篇的概念功能得以实现。作为法律语篇，它体现的是立法的意图以及应有的法律效力。

例 2：

原文：After the creditor has submitted his application, the People's Court shall inform the creditor within five days whether it accepts the application or not.

译文：债权人提出申请后，人民法院应当在 5 日内通知债权人是否受理。（《中华人民共和国民事诉讼法》第 215 条）

法律语篇应该是极为正式的，在该语旨的基础上尤其要注意情态（modality）的使用和翻译。“shall”利用其情态助动词的含义，在法律语境下宣示“应当承担的责任和义务”或者“应当享有的权利和权力”，表示一种不得违反的强制性或禁止性规定，用以强化法律的权威性和约束性。译文中的“应当”把“shall”表示义务的含义翻译出来，宣示了该规定是强制性的，不得有任何的违反，译文再现这些语域特征，实现了原文和译文人际功能的对等。

针对以上例文，当译文和原文的语域特征一致时，译文再现了原文的语域特征，从而也保持了概念功能，实现了人际功能和语篇功能的对等。但是，译文和原文的语域特征也时常不一致，这一点在以下例文中得到表现。

例3：

原文：Disputes shall be fairly and reasonably settled by arbitration on the basis of facts and in accordance with the relevant provisions of law.

译文：仲裁应当根据事实，符合法律规定，公平合理地解决纠纷。（《中华人民共和国仲裁法》第7条）

例4：

原文：These Rules are formulated in accordance with the Arbitration Law and the provisions of the relevant laws of the People's Republic of China (PRC) and pursuant to the "Decision", the "Notice" and "Official Reply" of the State Council of the PRC.

译文：根据《中华人民共和国仲裁法》和有关法律的规定以及国务院的《决定》、《通知》及《批复》，制定本仲裁规则。（1995年《中国海事仲裁委员会仲裁规则》第1条）

英汉语言分属于印欧语系和汉藏语系，在被动句的使用和表达上有着显著的差异。首先，在使用范围上，西方人强调理性认知，其表达中常出现被动结构；而汉语表达多以人或其他有生命的实体为主，偏重感性认识，因此被动结构的使用较少。法律语篇中的句子大量地使用被动句，是由法律文书的客观性所决定的。被动结构表达法律语言的概括性特征，最大特点就是不带个人的主观性。法律文本的功能是传达信息，核心就是客观真实可信。以上例文注意到了英汉两种语言在使用被动结构方面的差异，采用了适合本国语表达习惯的译法，原文的语域特征没能得到再现，但是，原文和译文的功能达成了一致，取得了概念功能的对等。

例 5：

原文：The Parties hereby agree to establish the Company promptly after the Effective Date in accordance with the EJV Law, the EJV Implementing Regulations, other Applicable Laws, and the provisions of this Contract.

译文：双方特此同意，在本合同生效后依照《中外合资经营企业法》、《中外合资经营企业法实施条例》、其他相关法律以及本合同的条款及时成立合营公司。

例 6：

原文：A Party may sell, transfer or otherwise dispose of (each a "transfer") all or any part of its interest in the registered capital of the Company to any third party only with the prior written consent of the other Party, the approval of the Board and the approval of the Examination and Approval Authority.

译文：只有在另一方事先书面同意、经董事会一致通过，并经审批机关批准后，一方才可向第三方出售、转让或以其他方式处置（合称"转让"）其对注册资本享有的全部或部分权益。

实现原文和译文语篇功能的对等，还要保证主位—述位的一致性以及句内的衔接。翻译实践中，不顾表达习惯的"硬译"必然导致句子与句子间衔接不连贯，甚至是翻译原文和译文语篇意义的不对等。然而，法律语篇里存在很多冗长、复杂的从句，而且句子内部的各种名词和动词的修饰语层层叠加、环环相扣。由于译文语序和原文语序并不完全一致，所以，在将原文翻译成译文时，必须调整一些语序，以使译文符合译文语言的表达习惯。在例 5 中，尽管原文中"in accordance with the EJV Law, the EJV Implementing Regulations, other Applicable Laws, and the provisions of this Contract."等词作为状语被放在后面，但在译文中按照中文的习惯被放在了谓语的前面。在例6中，“with the prior written consent of the other Party, the approval of the Board and the approval of the Examination and Approval Authority”等词和短语作为状语被放在了句子的后面，但在译文中，同样作为状语，被按照中文的表达习惯放在了句子的前面。

法律法规的主要作用之一是规范法律主体的行为，调节法律主体之间的人际关系，这种规范调节作用主要是通过达到一定的法律效果来实现的。因此，立法者和司法者的法律能力和语言能力之一就是准确、得体地使用法律语言行为，以便能够传达其所意图的法律效果。法律语言一般被看作语言的一个功能变体，语言交流的目的就是通过语篇这一语言的载体来实现特定的功能。从这个意义来看，翻译就是用目的语来实现源语言所要表达的功能。如果用恰如其分的目的语成功地表达了源语语言中法律语篇所要达到的功能，那么就可以认为翻译的目的达到了。因此，当译文和原文的语域特征不一致时，译文的语域特征也可以得到展示，根据译文预期要达到的目的或功能，使用符合译语文化观念和常用语言结构模式的表达方式，使译文与原文取得功能的对等。

四、结语

法律与语言都是一种规范性的存在，都是一种规范性的社会现象。由于法律与语言、法学与语言学之间存在相似性和紧密联系，使得二者得以在共同关注的一些问题上结合起来，相互借鉴各自的理论与方法，使得开展交叉研究成为可能。法律语篇是翻译研究的一种特定类型，作为对传统“等值”观的突破和翻译理论的补充，语言学理论为法律语篇的翻译研究开辟了一个新的视角。以上例子并不足以概括语言学理论在翻译中的全部作用，而且语言学理论在翻译中的应用是有限的，或者说是尚待开发的。但是，语言学中的语域理论将语言与文化和具体的情景相结合，并在原文分析的基础上，以实现译文预期的概念功能、人际功能和语篇功能为目的来探讨对等问题，这种方法不仅可以促进对法律语篇的深入研究，也能对翻译实践起到一定的启发作用。

认知视域下英文法律隐喻汉译探析

贾小兰　赵怿君*

一、隐喻的认知语言学转向

自古希腊时期以来，隐喻一直被视为哲学和修辞学的共同话题，且被从修辞学的角度进行了深入的研究，直至 20 世纪 80 年代，莱可夫（G. Lakoff）和约翰逊（M. Johnson）合著的《我们赖以生存的隐喻》（*Metaphors We Live By*）翻开了隐喻研究的新篇章，其对隐喻给予了新的认识和提出了新的概念，指出“隐喻不是简单的语言修辞现象，而是人类心智发展的结果，是人类用某一领域的经验来说明或理解另一领域经验的一种认知活动”。[1] 隐喻是一种认知现象，其本质就是用一类事物去理解另一类事物，其以事物的相似性为基础。“隐喻中的相似性是指目标域与源域二者之间具有某种类似的特征或特性。施喻者根据自己对目标域的认识，或为了反映目标域的某一特征或特性，寻找与之具有相应特征或特性的源域，最终将源域映射到目标域之上。”[2] 这从认知的角度将隐喻研究从语言层面转至思维层面，从此，隐喻研究不再局限于语言学领域，逐渐发展成为逻辑学、人类学、心理学、符号学等多学科、跨

* 贾小兰，甘肃政法大学讲师。赵怿君，辽宁昊星律师事务所合伙人、副主任。本文为 2016 年度甘肃省高等学校基本科研业务费项目阶段性成果，项目编号为 2016A-053。

[1] G. Lakoff & M. Johnson, *Metaphors We Live By*, Chicago: The University of Chicago Press, 1980.

[2] 王文斌：“再论隐喻中的相似性”，载《四川外语学院学报》2006 年第 2 期。

学科领域共同关注的重要课题，呈现出多角度、多层次的研究态势。[1]

相较于其他领域的“隐喻研究热潮”，法学范畴内的隐喻研究并未受到充分肯定，甚至有不少法学家排斥隐喻，如英国杰出的法理学家杰里米·边沁（Jeremy Bentham）就认为，“隐喻不是理性的，而是法律的对立面”；还有一部分学者对法律隐喻持中立态度，他们虽然肯定法律隐喻的事实存在，但提醒法学界人士要“谨慎对待法律分析和交际中的隐喻，因为人们在法律语篇中使用隐喻的初始目的在于解放思想，而最终的结果却往往束缚着思想”。[2] 该中立观点揭示出隐喻在法律领域内不可避免地存在却又无法被喜爱的两难境地。作为人类思维的一种认知方式，“隐喻普遍存在于我们的日常生活中，不但存在于语言中，也同样存在于我们的思想和行为中”[3]。人类要认知周围的世界，探索未知的领域，就需要借助已知的概念和概念系统，并将此映射到未知的领域，以获得新的知识和理解[4]。事实上，隐喻也是法学思维的重要组成部分，法学家们在论证自己的观点或解释抽象思维时，法律工作者在从事法务工作时，都不可避免地要使用隐喻以帮助听众或客户运用已知概念和概念系统有效地理解深奥、晦涩的法律概念。此外，法律隐喻在非常注重语言说服性功能的英美法体系中极为丰富，“法律英语中存在着大量的隐喻”[5]。英文法律隐喻根据其来源，大体可分为宗教历史类、文化或文学类、社会政治体制类、代表性案例类和日常

---

〔1〕 参见束定芳：《隐喻学研究》，上海外语教育出版社2000年版。

〔2〕 杨德祥：“英美法律隐喻研究述评”，载《四川大学学报（哲学社会科学版）》2012年第2期。

〔3〕 G. Lakoff & M. Johnson, *Metaphors We Live By*, Chicago: The University of Chicago Press, 1980.

〔4〕 参见束定芳：《隐喻学研究》，上海外语教育出版社2000年版。

〔5〕 王骞：“法律英语中的隐喻研究及其汉译”，载《上海翻译》2015年第1期。

生活类。[1] 在认知视域下，隐喻是人类思维的认知方式，法律隐喻的理解和翻译必然离不开产生这种隐喻的法律思维与法治文化背景。

二、隐喻翻译与法律翻译

隐喻的实质就是跨域映射（mapping），即从结构相对简单且容易理解的源域（source domain）到结构相对复杂且抽象的目的域（target domain）的映射，是目标域的部分特征向源域的转移。隐喻的基础则是源域和目标域间的相似性或所具有的共享概念。由此，隐喻翻译的任务就是最大限度地将源语中所建立的相似性或共享概念映射到译语中。同时，隐喻研究从修辞学到认知语言学的转向为隐喻翻译研究提供了新的研究视角：译者在处理隐喻时应当从认知角度分析隐喻所蕴含的文化信息，并根据不同类型的隐喻的特点采取相应的翻译策略。

英国翻译理论家纽马克在其著作中指出："隐喻翻译是一切语言翻译的缩影，因为隐喻翻译给译者呈现出多种选择方式：要么传递其意义，要么重塑其形象，要么对其修改，要么对其意义和形象进行完美的结合，等等，而这一切又与语境因素、文化因素如此密不可分，与文内重要性的联系更不用说。"[2] 纽马克的论述道出了隐喻翻译之难。同时，通过纽马克就隐喻翻译的论述可知，很多现代翻译理论家不再把翻译视为从一种语言转码成另一种语言的机械过程，也不是"一连串单词和句子机械地转换成一连串对等词"的文本。翻译最重要的是译者必须考虑到译入语文本的交际功能和文

---

〔1〕 史红丽："法律隐喻及其使用研究简述"，载《中国 ESP 研究》2011 年第 2 期。

〔2〕 参见 Newmark，P.，*Approaches to Translation*，上海外语教育出版社 2001 年版。

本产生的社会文化因素。[1]

人类具有共同的认知模式和思维定势，因此，任何两个社会都有文化重叠现象，加之人类理性思维的共性，有些隐喻中的形象具有相同或相近的语用意义。[2] 但不同法系的国家毕竟在文化背景、社会习俗和地理环境方面存在差异，一个国家或地区的法律必然会受到其文化的影响，法律英语中的很多隐喻本质上就是一个法律术语或法律概念，而法律隐喻翻译本质上仍属于法律翻译的范畴。鉴于法律文本用词严谨精准、句法结构严密的特点，法律翻译对原文忠实性的要求远高于其他文本。法律翻译的最高原则即在任何情况下都必须尽一切可能、全方位地忠实于原文。[3] 由此，法律隐喻的翻译同样要充分考量源语与目标语所在两种法系间的法律思维、法治文化的不同，确保翻译的严谨精准。

三、英文法律隐喻汉译

法律英语是一种专门用途英语（ESP，English for Specific Purpose），有其本领域的专门术语和特殊概念，这些术语和概念看似结构简单，实则负载了很丰富的法律信息。一方面，这些术语和概念来源于英美法系国家的政治制度和法律法规，这就导致以大陆法系为渊源的中国法律缺乏对等的法律概念；另一方面，这些法律隐喻所代表的术语和隐喻有精确唯一的语义，即使在中国法律中有相似的概念，也很难使其语义完全对等。

就英文法律隐喻汉译而言，译者需将法律英语译为法律汉语，而非将法律英语译为普通汉语。例如，“charter agreement” 译为

〔1〕 参见［美］苏珊·沙切维奇：《法律翻译新探》，赵军峰等译，高等教育出版社2017年版。

〔2〕 刘国生：“从认知角度看英汉法律隐喻句生成机制”，载《江西师范大学学报（哲学社会科学版）》2012年第1期。

〔3〕 李克兴：“论法律文本的静态对等翻译”，载《外语教学与研究》2010年第1期。

“租船合同；包租契约”，“agreement”并未译为“同意”。“Umbrella policy”译为“伞形保单”，因为“policy”一词在法律英语中意为“保单”而非其在普通英语中的“政策”意义。又如，“Iron ordeal”（又为ordeal）可译为“烙铁裁判”，“iron”根据其动词词义直译为“烙铁”，而“ordeal”在普通英语中意为“可怕的经历；痛苦的折磨”，在法律英语中意指“神明裁判”；“iron ordeal”是古代神明裁判的一种形式，它要求被告人手拿烧红的烙铁走九步，然后取下用布绑好，三天之后揭开看伤口是否愈合，若烙印清洁平滑则无罪，若伤口处有不洁之物、未愈合则被视为有罪。再如，“kangaroo”一词在法律英语中并非其本意——“袋鼠”，而是指议会下议院的全院委员会通过法案时，为节省时间，委员会主席有权选出法案里的若干条款来讨论，其余的跳过不议以节省通过的时间，通常译为“跳议法”；同样，“kangaroo court”并非指袋鼠所在国家（澳大利亚）的法庭，而是指私设的无视或滥用法律原则与公正进行审判的法庭，或模仿正规法庭审判的模拟法庭，根据不同的情景，前者可意译为“私设法庭”或“非法法庭”，后者可意译为“模拟法庭”，但也可统一直译为“袋鼠法庭”并加注释。

而从隐喻性质来看，法律隐喻的本体异质性特征明显，[1] 由此，较之隐喻翻译，法律隐喻的翻译挑战性更甚。因此，在汉译英文法律隐喻时，要深入把握其所蕴含的丰富法治文化信息，并将其与中国法中与之相似或相近的特点进行对比，以确保对英文法律隐喻的汉译做到精细无误。

（一）完整保留源语隐喻之直译

以大陆法系为渊源的中国法和以判例法为渊源的英美法之间有本质上的不同，由此，在汉译承载着丰富英美法信息的英文法律隐喻时，最常运用的翻译方式为完整保留源语隐喻之直译。因为英美

〔1〕王骞：“法律英语中的隐喻研究及其汉译”，载《上海翻译》2015年第1期。

法系的法律隐喻大多在以大陆法系为渊源的中文里找不到完全对应的概念与表达。例如，“black-letter law”直接译为“黑体字法”，用来表示被法院普遍接受的或体现在某一特定司法管辖区的制定法中的基本法律原则。“white collar crimes”直译为“白领犯罪”，指由法人或个人在执法职务过程中所犯的各种非暴力犯罪的总称。“white knight”直译为“白色骑士”，在公司法中，被收购公司为了免遭一场不太友好的收购行动，通常会寻找另一家公司要求合作，这个将来的对被收购公司进行兼并的收购者被艺术化地称为“白色骑士”。“white paper”直译为“白皮书”，指政府发表的正式备忘录，其内容是政府对一些问题的看法，政府所建议、倡导的政策，因其封面为白色而得名。“three-judge court”直译为“三法官合议法庭”，是指在联邦地区法院的多数案件通常都是由一名法官独任审理和裁决的，但对某些种类的案件，国会规定需由三名法官组成合议庭进行审理，以给予特别的保障，防止一名法官可能导致的擅断，尤其是对某些以违宪为由请求禁止适用联邦或州的制定法或者州的行政命令的案件。

（二）替换为目标语隐喻之转喻

英文法律隐喻中，也大量存在法律谚语，这些法律谚语简洁形象、寓意深刻，通常整句话就是一个隐喻；同时，这些法律谚语通常并不涉及具体的法律规范或法律概念，只是通过人们已经熟知的某具体事物来映射抽象层面的“正义”“公正”“权益”等法律精神；而此类隐喻概念属于人类对客观世界相同或相似的认知和体验，即“共有的非文化知识（shared non-cultural knowledge）”[1]，其在以大陆法系为渊源的中文里大多也可找到对应表达，因此，该类法律隐喻的翻译，可采用替换为目标语隐喻的方式来翻译。如中文中的法律谚语“法网恢恢，疏而不漏”与英文中法律隐喻

[1] Hudson, R., *Social-linguistics*, Cambridge: Cambridge University Press, 1981.

“Divine’s punishment, though slow are always sure” 和 “Justice has long arms” 表达同样的内涵，可以作为其对应的汉译。“Justice is the lifeline of the law” 可转喻译为 “公正是法治的生命线”。再如，美国宪政第一人马歇尔大法官在其所受理的数个深刻影响美国宪政历程的大案中，把纸上宪法的文字变成了生活中实实在在的宪政，因此，律师出身的美国总统詹姆斯·加菲而德（James A. Garfield）运用隐喻对马歇尔给予了生动的评论：“He found a skeleton, and he clothed it with flesh and blood.” 该句生动形象地描述出马歇尔如何赋予无生命的宪法文字（skeleton）以血肉，使其发展为有血有肉的宪政精神（skeleton with flesh and blood），翻译时替换为目标语隐喻表达方式即可。

（三）舍弃隐喻之意译

英美法中的一些隐喻在不同的语境中表达不同的概念，对这类法律隐喻进行汉译时，要考虑具体的语境。例如，“clean bill” 这个法律术语的隐喻性表达在英美法不同的部门法中有不同的喻意：在立法过程中，译为 “清洁法案”，指一项法案已被立法委员会作出大量更改，与其解释已作出的更改，不如提出一项新法案，即此处的 “清洁法案”；而在票据法中，“clean bill” 译为 “光票”，是汇票的一种，即不需要随附任何代表货物所有权的单据及其他相关单据的汇票，与跟单汇票（documentary bill）相对应。又如，“clean-hands doctrine” 是指衡平法上的一项原则：如果一方当事人的行为违背了衡平法原则［如善意原则（good faith）］，则该当事人就不能在衡平法院寻求衡平法上的救济或者主张衡平法上的辩护理由；针对该原则，衡平法上有一句谚语：“He who seeks equity must come into court with clean hands.” 即在衡平法院提起诉讼者须清白无瑕；该法律隐喻汉译时如直译为 “净手原则”，不能映射出该原则的内涵，且在汉语表达里可找到能确切表达其含义的方式，因此，意译为 “清白原则” 更适宜。

四、完整保留源语隐喻之直译实属法律移植

杜金榜教授在其论著《法律语言学》一书中提出："法律翻译是个创新过程，是一个囿于法律、语言、文化等因素构成的框架内的积极但却有限制的创新过程。"[1] 一个国家或地区的法律必然会受到其文化的影响，因此，法律研究不能与文化脱离，即法律文化，而法律翻译也不只是以译入语法律制度的概念和制度变换或替换源语法律制度概念和制度的过程；在不同的法律制度中，法律概念之间缺乏精确的对等关系，是法律翻译面临的大问题，因此，在翻译方面，法律文本的译者首要关注的应该是法律迁移，而不是文化迁移；通过语际翻译，法律翻译使一部法律向另一部法律的迁移得以实现。在此过程中，语言翻译居于次要地位，真正起到主要作用的是法律迁移。[2]

法律隐喻汉译时，最主要也最常用的是"完整保留源语隐喻之直译"的方式，其根本原因在于英美法与受大陆法影响的中国法之间存在很大的区别；此外，语言系统的开放性与渗透力使得语言具有相当的吸纳、包容能力，具有吸收外来文化的功能。英美法中很多法律隐喻在汉语中不能找到精确对等的表达，与其生搬硬套、喻指不一，从而对法律翻译的信度与效度产生负面影响，不如将其直译，完整保留源语隐喻，使其含义与之所承载的法律文化一并进入汉语语言系统，丰富中国法系统。例如，"white paper"一词所表达的涵义远不止该词字面所表达的表面含义，但随着其所对应的汉译表达"白皮书"一词慢慢渗透、进入中国法系统，现在不用单独解释或注释，业内人士皆知"白皮书"一词的涵义；在很多正式的官方文件里，"白皮书""蓝皮书"等被直接使用。

---

〔1〕 参见杜金榜:《法律语言学》，上海外语教育出版社 2004 年版。

〔2〕 参见［美］苏珊·沙切维奇:《法律翻译新探》，赵军峰等译，高等教育出版社 2017 年版。

由此，在英文法律隐喻汉译的过程中，语言翻译居于次要地位，真正起到主要作用的是法律概念的迁移，即法律移植。从英文法律隐喻汉译的角度可以证实，法律翻译很大程度上是一种法律移植。

英汉法律文本语言对比研究及其对翻译的启示

王　芳　谢子璇*

一、引言

法律语言是一种具备特殊交际功能的应用性语言，囿于英汉两种语言本身的差异性特征，英语法律语言和汉语法律语言在词汇、句法和语篇层面有很大的不同。英汉两种语言的差异对译者准确传达源语内涵，并以符合目标语思维和表达的方式将原文呈现出来提出了挑战。与文学翻译、科技翻译等专门用途翻译不同，由于法律文本背后体现出的两大法系的制度性差异，法律翻译有其自身的特殊性，法律翻译的难度要远远高于其他的专门用途翻译。译者应特别关注英汉法律语言差异对法律翻译的影响，在翻译过程中总结出恰当的翻译策略。

二、英汉法律语言的特征

语言总是扎根于特定的社会文化，总是或多或少地反映源语的文化、习俗、思维方式和社会生活。法律语言作为语言的一个特殊子集，也因民族或国家的文化不同而各有其特征。从另一个角度来看，法律语言作为一种交际语言，其使用者作为某个社群的一员，也难免会受到特定社会文化环境的影响。

* 王芳，中国政法大学外国语学院副教授；谢子璇，中国政法大学外国语学院硕士研究生。

（一）词汇层面的特征

英语法律语言仍保留着一部分古代法律术语，这与其历史文化与发展历程是密切相关的。

一方面，旧的术语有着长达百年的沿用历史和高度成文化、被普遍接受的法律解释，没有必要重新创造新的法律术语来替代它们；另一方面，在古代，人们采用特定形式进行宣誓任命、起草法令、颁布法律、授予荣誉和分配财产等活动时，常采用仪式化的语言以保证行为的有效性，因此，法律语言中对古语词的沿用提高了法律文书的正式程度和权威性，使法律条文简练严密，文体严肃庄重，有利于体现出法律语言权威、高贵的特点。[1]

汉语法律词汇在历史发展的过程中一方面保留了许多中国古代律法中的成分，如“刑罚”“审讯”“自首”等，另一方面，西方和日本的法律移植也使汉语法律词汇的语料库中存在许多古代不曾有过的概念，如民法中的动产、不动产、所有权、债权、法人；合同法中的破产、利息、债务、连带责任等。

英语法律语言中，有时对同一概念会采用一组同义的、可互换的术语进行表述，一方面，这是受历史文化因素影响所致。英语法律语言对拉丁语法律词汇的借用可追溯到很久以前：公元579年，基督教传入英国，拉丁语就开始潜移默化地被转借入英语；1066年，法国人统治英国，法语成为贵族官方语言，法语中大量拉丁语词汇也通过借用或转化进入了英语，成为英语法律词汇的来源。因此，英语法律语言中每对同义的法律术语往往是由一个拉丁语词汇和一个它在古英语中的平行词组成的。另一方面，同一个词语重复、同义词或近义词并用的术语构造方式，也表明了英语法律语言对词义精确和语境正确的追求，确保了用词的严谨性和准确性，因此涵盖的内容更为全面，也更有解释上的弹性。

---

〔1〕 Gotti M, “Linguistic Features of Legal Texts: Translation Issues”, *Statute Law Review*, Vol. 2016, No. 37.

（二）句法层面的特征

英语法律语言的重要句法特征之一就是常用列举性复合句，此类句子往往繁复冗长，难以理解，这也是法律英语屡遭诟病的主要原因之一。英语句子向右展开，逻辑也随之层层铺开，一个长难句往往形成多条“支线”；除此之外，英语长难句也常常列举大量事项，造成句子过长而难以理解。因此，以英语为母语的人们有时都戏称冗长繁复的法律英语长难句为“天书”。

与之相对，汉语是分析型语言，条件、因果、转折等语法连接手段大多都隐含在意义的推演之中，〔1〕而汉语法律语言受汉语造句特点的影响，往往不会产生英语法律语言那样的长难句。汉语列举性复合句的主句往往较短，但后接的并列性句子、短语之间的关系却错综复杂，对母语是汉语的人来说也有一定的理解难度。

英语法律语言多用显性连接词。〔2〕法律文本倾向于沿用传统文体，作为正式用语的法律英语随着时间的流逝没有发生显著的变化，在法律文书中至今仍存在不少古英语词汇，以“here/there/where（+ prep）+ prep”形式构成的“hereby”“hereinafter”“thereof”等词，它们在实践中常常与过去分词搭配使用，如“hereinafter referred to as”“recited herein”等。一方面，这些词的使用体现出英语法律文本对于精确性的追求，起到引用自身的作用，例如，在“in section 21 thereof”中，“thereof”一词以最精确的方式指定了所要说明的句子成分。另一方面，这些连接词体现了法律英语用词的严谨性，并使句子更加凝练简洁。

与之相比，汉语法律语言有时缺乏显性连接词，而是通过上下文线索来暗示各个句子部分之间的联系。这是因为汉语“在句子（或者相当于句子）的较短的语言片段内，主要靠的是意合，用意

〔1〕 参见连淑能：《英汉对比研究》，高等教育出版社 2010 年版。

〔2〕 Mette Hjort－Pedersen et Dorrit Faber，“Explicitation and Implicitation in Legal Translation”，*Meta：Translators' Journal*，Vol. 2010，No. 55.

脉贯穿全句；而到了较大的语言片段里，为了保持‘神’不散，就要用适当的‘形合’手段来增加凝聚力，而重复一个词是最好的办法，可以使读者、听者的意念中心不致走散。汉语不喜欢使用同义替代的手段，因为会使精神分散，也不喜欢使用代词，因为容易变得所指不明。结果由于强调重复，反而变成了某种意义上的‘形合’。”〔1〕

例 1：《中华人民共和国刑法》第 54 条【剥夺政治权利的含义】剥夺政治权利是剥夺下列权利：

（一）选举权和被选举权；

（二）言论、出版、集会、结社、游行、示威自由的权利；

（三）担任国家机关职务的权利；

（四）担任国有公司、企业、事业单位和人民团体领导职务的权利。

译文：Article 54. Deprivation of political rights is deprivation of the following rights:

(1) The right to elect and the right to be elected;

(2) the right to freedom of speech, of the press, of assembly, of association, of procession, and of demonstration;

(3) the right to hold a position in state organs; and

(4) the right to hold a leading position in a state-owned company, enterprise, or institution or people's organization.

（三）语篇层面的特征

英语法律语言有许多名词化结构。

据统计分析，在不同类型的语篇中，科技文本的名词化比例为 72.6%，新闻文本的名词化比例为 40.3%，小说文本的名词化比例

---

〔1〕 潘文国：《汉英语对比纲要》，北京语言文化大学出版社 1997 年版，第 349~350 页。

为 27.2%，而法律文本的名词化比例最高，为 83.5%。[1] 名词化结构具有许多功能，首先，它可以使语言表达更加凝练。其次，它使法律条文的表述更加准确严谨：一般来说，动词的名词化成分使用较多，原动词在被名词化的过程中隐去了施事主体，施事者的影响在这个过程中被消去，但原动词的动作行为又被保留了下来，这样的表达比动词更加抽象、客观，因为动词总是需要主语来搭配的。因此，使用名词化的频率越高，文本就越正式。然而，由于汉语缺乏对应的形合成分，名词化现象给汉译带来了很大的困难。

汉语法律语言特有的零形回指现象有时会给理解和翻译带来很大的困难。零形回指是指在表达中再次提到某个对象时，不采用具体语言符号、语音形式进行指代的指称现象。例如：

例 2：《中华人民共和国外商投资法》第 37 条　外国投资者、外商投资企业违反本法规定，按照外商投资信息报告制度的要求报送投资信息的（0），由商务主管部门责令（0）限期改正；逾期不改正的（0），处十万元以上五十万元以下的罚款。

译文：Article 37 Where, in violation of this Law, a foreign investor or foreign-funded enterprise fails to submit investment information as required by the foreign investment information reporting system, the commerce department shall order **it** to take corrective action during a specified period; and if **it** fails to do so, a fine of not less than 100,000 yuan nor more than 500,000 yuan shall be imposed on **it**. (translation on my own, 2019) 汉语原文中每个“0”处回指主语都是“外商投资者、外商投资企业”，但其没有使用实际人称代词回指，而采用了零形回指。从某种程度上，零形回指能够避免重复表达同一事件以节省资源，体现了“经济原则”。汉语习惯于通过上下文语境传达零形回指处所表达的意义，但也容易产生歧义，因此，在具有产生法律

[1] 王晋军：“名词化在语篇类型中的体现”，载《外语学刊》2003 年第 2 期。

效果的法律文本翻译中，应当明确标明每一个零形主语所指代的真正主语。

三、法律文本翻译

法律语言是一种交际语言，因此，法律翻译的评价标准应当是看译文是否在目标文化中实现了交际目的，即译文在目标文化中是否产生了对等的法律语境效果。[1] 法律话语具有文化负载的性质，不同语言法律文书涉及的社会文化、法律制度不同，因此，在翻译过程中要达到对等，就要同时实现语义对等和功能对等，前者的重要性在于，语言的精确性关系着法律作为一个整体的可信度与权威性；后者的重要性在于，同一法律概念在源语和目标语中应当发挥同样的职能。因此，翻译的关键在于，将法律文本作为一个整体同时进行语言层面、法律层面的分析和解释，以便在目标语中找到对等文本。

1. 首先，译者应当考虑语言特征的限制。不同语言具有不同特征，英语是形合语言，使用大量连接词构成句子的精密框架，例如：

例 3：**If** the Contractor suffers delay **and/or** incurs Cost **from** complying with these instructions **or** as a result of a delay **for which** the Employer is responsible, the Contractor shall give notice to the Employer **and** shall be entitled subject to Sub-Clause 20. 1 [Contractor's Claims] to payment of **any such** Cost **plus** reasonable profit, **which** shall be added to Contract Price.[2]

译文：如果承包商为调查竣工后未通过试验的原因，或进行任

〔1〕 Ernst August Gutt, *Translation and Relevance-Cognition and Context*, 上海外语教育出版社 2004 年版。

〔2〕 Enrique Alcaraz、Brain Hughes, *Legal Translation Explained*, 上海外语教育出版社 2008 年版。

何调整或修正，需要进入工程或生产设备，但雇主无故延误给予许可，导致承包商产生额外费用，承包商应向雇主发出通知且有权根据第 20.1 条款［承包商索赔］的规定，要求雇主支付这些加入了这些费用以及合理利润的合同价格。[1]

与英语相比，汉语重“意义”轻“形式”，重“意合”轻“形合”，不通过形态变化来表意，而是通过语序、上下文线索来铺开逻辑。如“造成严重的环境污染事故”这一表述，译者需要考虑是译为“cause a serious environmental pollution accident”（造成一次严重的环境污染事故）还是译为“cause serious environmental pollution accidents”（造成多次严重的环境污染事故），事实上，采用这两种译法中任何一种都不是中立的，因为两种不同的译文意味着行为人负有不同的责任：是必须造成一次以上这样的事故才应负刑事责任，还是仅仅一次事故就构成犯罪呢？又如，“造成公私财产的严重损失”这一表述中的“公私”，将其译为“to public and private property”（公共和私人财产）和“to public or private property”（公共或私人财产）的法律后果是不同的。再如，“人身伤害死亡”是“人身伤害或死亡”，还是“人身伤害并死亡”，从字面是无法了解的，需要译者谨慎对待与查证。

2. 译者应当明了法律起草的传统和文体惯例在不同的法律制度中的区别。在英汉法律翻译中，最为重要的是大陆法系和英美法系的区别。在立法语言中，大陆法系立法机关的任务是将民法概述的一般原则适用于具体的现实生活情况，这一特征使得大陆法系法律文本在文体选择上倾向于表达的通用性和简单性，所以立法文本通常句子较短，分段使用较少。这使得读者对句子的理解更加容易，但也使得各个句子之间关系的重构更加复杂。在汉语的立法文本中，受汉语语言类型和句法特点的影响，使用的句子比英语法律

［1］ 参见陈力成：“英语法律文本长难句翻译中的‘化整为零’”，载《戏剧之家》2017 年第 1 期。

文本要短很多。但由于缺乏显性的语法连接手段，主句后列举的一连串句子、短语或其他成分之间的关系仅靠意义联系在一起，因此常常会给理解带来难度。

相反，英美法系是以优先权原则为基础的，在这一原则下，法官作出的判决对随后的所有类似案件都具有约束力；因此，英美法系立法文本将表达的确定性视为法律起草中最重要的品质。这种概念上的区别在起草者的文体选择上表现为：英美法系立法文本的句子很长，由三个或三个以上的主句组成，每个主句又被许多从句修饰。由于需要插入的大量修饰成分，同时又要确保精确性，导致句子繁复冗长。

两种法律制度之间的种种差别意味着，将一个法系的法律文本转换到不同的法系中时，翻译过程不再仅仅包括文字的替换，也包含了更复杂的“法律转换”过程。例如，英语法律话语习惯用“shall”表明法律义务：

例4：All legislative powers herein granted shall be vested in a Congress of the United States, which shall consist of a Senate and House of Representatives.（The Constitution of the United States）

译文：本宪法授予的全国立法权，属于由参议院和众议院组成的合众国国会。〔1〕

而在大陆法系国家的法律语言中，法律话语通常采用现在时陈述语气来表示法律规定，从而强调法律规定的现实性和适用性，并暗示法律从事物的自然秩序中汲取其效力，而不是表达人类强加的命令。

例5：《中华人民共和国宪法》第3条第1~3款　中华人民共和国的国家机构实行民主集中制的原则。

全国人民代表大会和地方各级人民代表大会都由民主选举产

〔1〕参见任东来等：《美国宪政历程：影响美国的25个司法大案》，中国法制出版社2004年版。

生，对人民负责，受人民监督。

国家行政机关、监察机关、审判机关、检察机关都由人民代表大会产生，对它负责，受它监督。

译文：Article 3 The state organs of the People's Republic of China shall apply the principle of democratic centralism.

The National People's Congress and the local people's congresses at various levels shall be constituted through democratic elections. They are responsible to the people and subject to their supervision.

All administrative, supervisory, judicial, and procuratorial organs of the State shall be created by the people's congresses, to which they are responsible and by which they are overseen.

3. 应当考虑法律术语与社会、历史、政治、法律文化的内在紧密联系。许多术语是特定法律体系所特有的，在这种情况下，目标语中的对等术语是不存在的。比如“普通法（common law）”和“衡平法（equity law）”这两个词，翻译时往往保留英语原词，因为它们只与英国法律的特定历史相关。如果盲目寻找事实上不存在的对等术语，则会引起歧义，并且达不到法律效果的对等。中国也有一些独特的法律制度，汉语法律语言中存在“社会抚养费”“管制”等特有的法律术语，其他国家不存在类似的法律制度，因此也就没有对等的法律术语。

此外，即使在同一法系中，同一术语在不同法律制度中的外延也可能不同。即使是“合同”“消费者”“损害”等常见法律术语的含义也可能因国家而异。比如，在一种法律制度中有资格获得赔偿的损害类型不一定在另一种法律制度中得到承认。如果不考虑术语外延的差别，直接在目标语中采用同一术语而不进行解释，也会造成术语功能不对等。因此，实现源语和译文的功能对等需要译者同时拥有源语法律制度和目标语法律制度的知识，以便评估源语法律制度中术语的功能与目标语中相关术语的功能是否相同。

四、翻译策略

在法律翻译中，应当使用概念分析的方法，首先在源语言（SL）中对其进行解释，再翻译成目标语言（TL），最后翻译成符合翻译目的和目标文本（TT）文体类型的信息。翻译的原则是确保在翻译过程中，原文本法律概念在译文中的对应概念不发生含义和适用范围上的变化。

（一）词汇层面的翻译策略

由于法律文化背景不同，英汉法律概念各有其特性，在理解与翻译的过程中应当反复斟酌原文的法律含义和定义域，防止出现解释不一的译文。在不同的法律制度中，看似相同的术语并不总是指相同的原则或标准。在我国《刑事诉讼法》中，“最后陈述”指被告人“通过陈述意见表明人对本案事实、适用法律、证据采信等方面的基本态度或者基本意见”，有人译为“closing statement”，而“closing statement”在英美法律制度中指的是庭审程序中律师的结案陈词，这样的译文显然是望文生义，与原词的含义相去甚远。英译汉中，一般词典都将“jail”“prison”译成“监狱”，笔者偶然查阅《布莱克词典》（*Black's Law Dictionary*）时发现其对 misdemeanor 的定义是：

【MISDEMEANOR】A crime that is less serious than a felony and is usu. punishable by fine, penalty, forfeiture, or confinement (usu. for a brief term) in a place other than prison (such as a county jail).〔1〕

由此可知，“prison”和“jail”在英美语境中是有明显的区别的。继续查证后得知“prison”的定义：

【PRISON】A state or federal facility of confinement for convicted criminals, esp. felons.〔2〕

---

〔1〕 Bryan A. Garner, *Black's Law Dictionary*, Thomson West, 2007.

〔2〕 Bryan A. Garner, *Black's Law Dictionary*, Thomson West, 2007.

从这里可知，“jail”更类似于我国的“看守所”，而“prison”更接近于我国的“监狱”。

即使是同一术语，在不同国家和法律制度中经过长期的实践也可能发生术语外延的扩大或缩小。

例如，对术语“未成年人”的法律规定在各个国家都不同：法国、意大利、比利时、荷兰、中国、英国、匈牙利规定 18 岁为成年，瑞士、日本则规定 20 岁为成年。在翻译这种术语时若不加上具体的解释，则极易造成误解。[1]

相同的语言符号在不同的法系也可能表示不同的概念。例如，由于法律体系的不同，我国的“预审”与其他国家的“预审”的含义相去甚远。在英美法系，“preliminary hearing”是通常由治安法官主持进行的决定是否有足够的证据起诉被告人的刑事听证程序，而在我国，“预审”是指中国公安、检察机关的预审人员在侦破案件的基础上对犯罪嫌疑人进行的审讯。

当缺乏直接对等的目标语术语时，译者可以采取直译或语义转借的方法，从而填补目标语中的语义空白，但应当充分考量所要采用的词的语义范围与源语术语是否真正相同，如果用形式上相似的法律术语翻译源语中的法律术语会导致意义的偏差。

（二）句法层面的翻译策略

从句法层面来看，对英语形合的连接手段有时应当采取显性化的翻译策略。英汉立法文本中都存在预设型法律语句。对英汉法律文本中的预设型语句进行对比可以发现，英语法律语言中主要使用两个关键词“if”或者“where”。

据统计，《美国统一商法典》中的“if”共有 1229 个，其中位于句首的有 474 个，只有将近三分之一，其余的全在句尾；“where”引导的“预设”句有 81 个，放在句末的有 42 个，位于名

〔1〕参见张法连：《中西法律语言与文化对比研究》，北京大学出版社 2017 年版。

尾与句末的差不多各占二分之一。法律汉语的预设型句子基本不用“如果”等标记性词语，仅用“……的”“有……的”以及陈述句来表示假设。《中华人民共和国海商法》中法律汉语表示预设的“如果”仅1个，放在句首；表示预设的“……的”结构共有222个，全在句首。[1] 由此可以看出，根据立法者强调的重心不同，“if”和“where”在句中的位置可以不固定；而汉语法律语言中，“……的”引导的预设型句子通常在句首，很少在句中，没有在句尾的。英语法律语言中的“when”与汉语中“……的”也有相似的关系。“when”也是对条件进行预设的标志，而汉语法律语言中几乎不使用“当……的时候”这样的表述，仅简单地描述“……时”“……的”，甚至没有时间标记，仅通过上下文表示时间和逻辑顺序。

例6：《中华人民共和国合同法》第304条第1款：“托运人办理货物运输，应当向承运人准确表明收货人的名称或者姓名或者凭指示的收货人，货物的名称、性质、重量、数量，收货地点等有关货物运输的必要情况。”

译文：In undergoing the formalities for cargoes, the consignor shall precisely indicate to carrier the name of the consignee or the consignee by order, the name, nature weight, amount and the place for taking delivery of the cargoes, and other information necessary for cargo carriage.

由此可见，英语习惯于用显性符号如“if”“where”等来连接句子成分；而汉语倾向于通过隐性内在意义的联系来表示特定假设和条件关系。因此，在翻译过程中，应当按照英汉两种法律句法的特点来进行句法重构。

法律文书注重事实清楚和逻辑通顺，在长句的翻译中，应该从语法分析入手，充分理解原文本的意思，然后用通顺的目的语以适

---

〔1〕熊德米：“基于语言对比的英汉现行法律语言互译研究”，湖南师范大学2011年博士学位论文。

当的文体表达出来；句法上，应对其进行认真细致的句法分析，在了解了其各部分句法组成情况的基础上，再综合考虑其逻辑语义关系及所表达的含义。

（三）语篇层面的翻译策略

汉语不是屈折语，因此也没有名词化现象，在翻译过程中，可以通过改变原句的句法结构来解决这一问题，充分考虑到汉语的表达特点，将其转化为动宾结构、主谓结构。例如：

例7："The ratification of the conventions of nine states, shall be sufficient for the establishment of this Constitution between the states so ratifying the same."〔1〕

译文：经九个州制宪会议的批准，即足以使本宪法在各批准州成立。〔2〕

原文静态的"the ratification""the establishment"名词化结构被汉语动词结构"批准""成立"替代。

例8："When vacancies happen in the Representation from any state, the executive authority thereof shall issue writs of election to fill such vacancies."〔3〕

译文：任何一州代表出现缺额时，该州行政当局应发布选举令，以填补此项缺额。〔4〕

原文的"vacancies"被汉语动宾结构"有缺额"替代。通过这种转换，原文显性色彩的名词被译为了有隐性特点的动词，更符合汉语表达习惯。

在对含有零形回指的汉语法律语句进行翻译时，为了符合目标

---

〔1〕《美国联邦宪法》第7条（Aricle 7 of *the Constitution of the United States*）。

〔2〕任东来等：《美国宪政历程：影响美国的25个司法大案》，中国法制出版社2004年版。

〔3〕《美国联邦宪法》（*the Constitution of the United States*）。

〔4〕任东来等：《美国宪政历程：影响美国的25个司法大案》，中国法制出版社2004年版。

语的表达习惯，也为了满足法律文本表义清晰不引起歧义的要求，应当在零形回指处补充主语和解释说明。

例 9：《中华人民共和国公司法》第 28 条第 2 款："股东不按照前款规定缴纳出资的，除应当向公司足额缴纳外，还应当向已按期足额缴纳出资的股东承担违约责任。"

译文：Where as hareholder fails to make his capital contribution as specified in the preceding paragraph, he shall not only make full payment to the company but also bear the liabilities for breach of contract to the shareholders who have make full payment of capital contributions on schedule.[1]

在英文译文中，零形回指的部分被"he"补充出来，使表义更加清晰，不引起歧义。原句中表示预设条件的隐性表达"……的"也因译为"where"而显性化了。

五、结语

通过上述探讨可以发现，法律文本的翻译在很大程度上受制于不同的文化、语言和法律环境。本文通过对法律文本语言特征和翻译策略的讨论，对不同语言的语言特征、不同法律制度的传统如何对翻译产生影响进行了分析，提出了对应的翻译建议。文中的各种翻译实例也表明，法律文本的翻译往往显示出源文本对目标读者的法律语言和文化进行调整和适应的痕迹，最终译文是译者有意识、深思熟虑的结果。

---

〔1〕 朱思颖："论英汉法律文本表达方式的'显性'与'隐性'及其翻译策略——基于对比分析的研究"，云南大学 2015 年硕士学位论文。

翻译实践

法律英语术语翻译探究

刘艳萍*

一、引言

随着我国国际政治经济地位的不断上升和“一带一路”倡议的提出，法律翻译活动日渐兴盛，达到了空前的高度。中国与国外在政治、经济、文化等领域合作加深，民间往来日益频繁，特别是各种商业活动不断增加，法律翻译需求剧增，其重要性凸显。法律翻译由于翻译文本的权威性、语言载体的独特性及对翻译质量的标准要求高等特点，使得学术研究的热度更集中于此，而法律术语翻译研究就是其中一个热点。法律术语是法律语言的最基本构成要素，也是决定法律翻译质量的重要组成部分。法律术语是表达法律概念不可或缺的要素，是立法、司法及法律实务中所使用的专业术语。法律翻译涉及译者对法律制度及语言载体的掌控能力，即译者对法律制度、法律所依托的语言体系的了解程度，以及译者对两种法律制度术语的语言转换能力——翻译能力。本文所指的法律术语翻译尤指英美普通法体系的法律术语和具有大陆法系特点的中国法律术语间的翻译。

二、法律术语翻译

（一）法律翻译

近年来，张法连[1]、屈文生等教授对法律术语翻译均有一定

* 刘艳萍，中国政法大学外国语学院教授。

〔1〕 张法连：“英美法律术语汉译策略探究”，载《中国翻译》2016年第2期。

的研究。法律翻译在中国始于比较法。中国效仿大陆法系模式建立了自己的法律制度。在建立和完善的过程中，法律翻译作出了巨大的贡献。从某种程度上说，法律翻译直接影响和促进了中国现代法律制度的发展。改革开放以来，中国经济发展迈出了一大步。同时，法律制度也得到了重建和发展。而“一带一路”倡议提出后，法律翻译与日俱增，达到空前高潮。最初的法律翻译相对独立分散，缺乏系统性和规范性，选题的偶然性很强，其结果是翻译文本的代表性不强，加之受译者的翻译水平所限，翻译质量参差不齐。20世纪90年代以来，法律翻译开始注重规模化、系统化、标准化，法律翻译理论和实践的研究更趋向细化，促进了法律翻译学科的长足发展和进步。

（二）法律英语术语

法律术语的应用旨在以最简洁的语言单位表述复杂的法律概念或规则，以保证法律语境下行文的简洁清晰和实务中沟通的便利顺畅。每种法律体系都有其专用的体现其典型特征的术语体系，法律体系间术语或相同、相近或偏差、迥异很大。体制或体系的不同导致术语的外延和内涵偏差很大，也给法律翻译带来困惑。如美国法律中的概念“plea bargaining”（辩诉交易），在中国法律中并不存在，它被应用在刑事案件中，专指检察官和被告之间的一种交易（deal），如被告对某项或全部指控认罪，即可换取检察官的一些让步，如撤销某些指控、减轻刑罚或缩短刑期等。另外，有些有中国特色的法律术语根本找不到对应的英文术语，如若翻译不当，会给目标读者带来困惑，导致理解错误，从而带来不良的影响，甚至造成更大的损失。如“失足妇女”肯定不是“woman losing her feet”，“prostitute”的翻译也不准确，或许翻译成“a woman offender”比较合适。

术语翻译是决定法律文本成功转换的前提和基础，是决定法律翻译质量的关键。法律英语术语是在法律语篇中表达特有的法律概念，具有特定法律意义的专门用于法律范畴的用语。法律术语包括法律专业术语、日常术语、古语和外来语及借用术语。

1. 法律专业术语即行话，指一些专门用于法律语体与实践中的用语，如“estoppel”（禁止反言）等鲜于用在日常语境下的用语。

2. 法律日常术语指在日常生活中演变而来，约定俗成被广泛用于法律语境下的用语。如“action”（诉讼）；“deed”（契据），“limitation”（诉讼时效）等词汇均有不同于日常用语的含义。

3. 古语和外来语是法律英语术语的一个重要组成部分，古老的拉丁语和法语词汇的使用与普通法的发展密不可分，如“*actus reus*”（拉丁语，犯罪行为）、“*mens rea*”（拉丁语，犯罪心理）、“voir dire”（挑选陪审员）、“en banc”（全体法官共同审理）等。“hereby”“thereof”“hereinafter”“whereas”等词语的使用使法律英语文本更趋向于书面化，同时也增加了神秘感。

4. 法律借用术语指借用其他领域的术语，并已被业界接受的法律术语。如美国的“Three Strikes Law”（“三振出局法”），就是借鉴棒球术语来指惩治累犯的一项法律。在棒球比赛中，“Three strikes, and you are out”指若击球手三次均未击中投球手所投之球，必须出局。“三振出局法”规定，被判犯两次重罪者，第三次犯罪，无论新罪严重与否，至少得服刑 25 年，甚至是终身监禁。

（三）法律英语术语的特点

1. 正式性。法律具有权威性，其术语表达常常较为正式，书面化。“commencement”（开始）、“the deceased”（死者）、“aforesaid”（前述的）等都是较书面化的语言。“prejudice”一词常常被用以下结构中，如“without prejudice to”（在不损害……的情况下）。

2. 严谨性。法律术语要求表述准确，概括严密，避免歧义和疏漏，因此，法律条文中常常使用一些重叠词语，即由一组意思相近或相同的赘词构成一个固定短语。这类词在翻译时，只翻译其中一个词就足以表达出作者希望表达的法律概念。如“rules and regulations”（规章）、“terms and conditions”（条款）、“sign and issue”（签发）、“null and void”（无效）、“goods and chattels”（动产）等。这些词语的刻意使用，是法律文体与一般文体的区别之一，也是法律语言严谨性的体现。

3. 专业性。法律术语具有明显的专业性，频繁使用于法律语境下，很少用于日常生活中，有时单从字面组成并不能理解其含义。如“shall”（应当）、“minor”（未成年人）、“suspect”（犯罪嫌疑人）、“tangible or physical evidence”（实物证据）等。

4. 排他性。法律术语最突出的特点是词义单一，每个专业术语表示一个特定的法律概念，具有不可替代性。例如：表示犯罪行为人的主观状态之一的“过失”为“negligence”，而不能用“fault”“misconduct”“error”等其他词语来代替；犯罪未遂是“attempted”，而不是“not fulfilled”或“unaccomplished”；普通法中“burglary”是夜盗，而非一般意义的入室盗窃；“verdict”系陪审团裁决，“judgement”是法官的判决，不得混用。

5. 对义性。法律调整的是互相对立的两种利害关系，是在法律语境下的矛盾或对立的关系。如“complaint-answer”（起诉状—答辩状）、“offer-acceptance”（邀约—承诺）、“creditor-debtor”（债权人—债务人）、“minor-major ”（未成年人—成年人）。

6. 模糊性。为了使法律术语更加准确，在必要的情况下会使用一些语义模糊的词语表达灵活的法律概念，尤其用在立法者非意图明确的范围、数量、程度、性质等方面，如：“average”“adequate”“reasonable”等词语，而这种模糊性正是法律灵活性的体现。这种模糊性给法庭提供了灵活执法的空间，也是法律严谨性和准确性的体现。

（四）法律术语翻译

法律术语翻译是专业翻译，首先要求译者有较高的法律知识素养，对法律知识一无所知或知之甚少的译者必定不能保证翻译的质量。其次，法律语言具权威性、严谨性、准确性、模糊性，这决定了法律翻译最基本的标准应当为“准确”与“严谨”，术语翻译也不例外。

1. 法律术语翻译现状。英美法系的法律术语与我国的法律术语源自不同的法律文化，有些术语相同或相近，而有些术语却无法找到对应的术语，即中英文的有些法律术语对等缺失。术语的不对等，对不同法律制度、政治体系、文化传统知识的匮乏，以及双语水平的限制，导致了这类术语翻译的任意性，造成了目前法律术语翻译呈混乱状态的局面，术语翻译缺乏统一性和规范性在某种程度上严重地影响了翻译的质量。

2. 法律术语的几种形态。法律术语翻译中遇到的几种情形：

（1）完全等值，即形态及意义上均等值，要求字面及含义上完全等值，这类术语应采用一对一直译的方法。

（2）部分等值，部分等值是指仅在形态或意义上等值，并非在形态和含义上完全重合。

形态等值，如“file/initiate a case”，如果翻译成“告诉”恐怕会引起误解，由此翻译成“提起诉讼”更好。“entrapment”在英美法国家指警察（不公正、不合法的）诱捕，是当事人无罪免责的理由，和中国的“钓鱼执法”并不相同。中国的“钓鱼执法”，用于行政执法中，与刑事事侦查中的“诱惑侦查”（或者叫“诱惑取证”）类似。

意义上的等值，如在美国由治安法院的治安法官（justice of peace）来处理治安案件，而在中国则由公安机关处理该类案件，即警察。部分等值的术语，一定要根据等值的性质决定翻译的方法和翻译的含义，必要时需作解释。又如，“legal practitioner”应翻译成从事法律相关工作的人，而不是法律工作者，在中国，法律工作者意味着没有通过律师资格考试的律师。

（3）完全不等值，即在形态及意义上均不等值。此时，应采取增译、减译、倒译和改译的策略进行翻译。

3. 法律术语翻译的策略。综观翻译的历史，严复提出的“信达雅”的翻译标准，鲁迅的“通顺”与“忠实”，林语堂提倡的“忠实、通顺、美”，傅雷的“传神”论和钱钟书的“化境”翻译标准等，大多是针对文学作品的翻译而定的。近年来，有学者对法律相关实用文体的翻译提出了一些指导原则，例如，杜金榜提出了“公正性、准确性和合适性”原则；李克兴、张新红提出了法律翻译的准确性及精确性、一致性及统一性、清晰及简练、专业化、语言规范化、集体作业等原则。[1] 法律翻译作为专业翻译，有其独有的特点，法律翻译毕竟不同于文学翻译、科技翻译或哲学著作等其他翻译，法律翻译与政治体系、社会体制、法律渊源、文化传统密切相关，具有很强的专业性。不同法律制度国家的法律术语翻译中存在的不对等现象是客观存在的。为了更准确地翻译法律概念和法律术语，译者必须更好地了解原语和译语法律体系之间的差异，以及由此产生的法律术语上的差异，因此，应以准确、严谨、规范为主要翻译标准。在翻译实践中，应综合运用语言学、翻译学和法学的知识，采用不同的策略，如直译、意译、直意结合、创造性翻译或不译。

（1）直译。一直以来，翻译的直译与意译之争从未间断过，翻译的标准也有“信达雅”和“忠实、通顺”等，不同的翻译文本、不同的目标读者及翻译目的所采用的翻译策略会大不相同。法律翻译崇尚准确、严谨、忠实原文，直译是最常用的手法。

（2）意译。由于社会体制、法律制度与文化的不同，法律术语间在含义上不一定有等值性，由此，也常常采用意译的方法。

（3）创造性翻译。有些法律英文术语在中文中没有相对应的等

---

〔1〕 参见李克兴、张新红：《法律文本与法律翻译》，中国对外翻译出版公司 2006 年版。

态等值术语，直译和意译均不能达到目的，译者可通过增译、简译、倒译、改译及解释性翻译创造性地作出翻译，从而使含义一目了然。如将“plea bargaining”翻译成“辩诉交易”，展现了辩方与控方之间，一个为避免受重罚而认罪，一个以减少控罪为对价所进行的一场交易，翻译生动，易于理解。又如，美国著名的种族隔离法案“Jim Claw Laws”泛指1876—1965年间一些州对有色人种（colored people）实行种族隔离制度的法律，可以以音译翻译成（实行种族隔离制度的）“吉姆克劳法”。

（4）不译。一些专有名词，如人名、地名、组织名称、判例名称等，可不译。被普遍认同的方法就是直接采用原来的名称或音译，如 Marbury *v* Madison“马布里诉麦迪逊”一案，译文中可直接复制粘贴使用，不必翻译。

（五）法律术语翻译的规范化

所谓规范化，是指有权机关根据需要，合理地组织规划，构建统一标准及相对稳定的动态体系并不断完善。法律术语翻译的规范化目的是在翻译中形成法律术语的标准用法，提高翻译质量。笔者关于提高翻译规范化的几点建议如下：

1. 相关政府权威部门应提出规范法律术语翻译的倡导，引导和指导法律术语翻译规范化的进程。

2. 相关政府权威部门应召集学界高端翻译人才从事规范化研究，提高规范化水平，开启规范化运动。

3. 相关政府权威部门应利用高科技，在大数据背景下，制定规范模式。

4. 规范化应从细节开始，在内容上下功夫。例如，统一法律法规的名称翻译，对各类法律术语的翻译分门别类，不仅要分具体的部门法，而且要落实到术语的语法功能（如名词术语、动词术语、副词术语等）。在对术语进行规范化的同时，还要进行法律翻译结构及篇章的规范化，从而实现全方位的法律翻译规范。

5. 规范化也即标准化，为贯彻和落实统一的标准，监督和检查不能缺失。我们国家在法律翻译规范化方面已做了些尝试，国务院法律事务办公室在规范化方面早有动作，有些地方政府也做了些努力，法律翻译规范化取得了一定的成效，但上升空间还很大。

三、结语

目前，学界对法律术语翻译及提高翻译质量均有一些研究，但也存在着重视不够、早期的法律术语缺乏传承、法律术语规范化水平较低等问题。[1] 政府的重视及传承当然重要，但学者的努力是关键，如何提高法律术语规范化水平是我们努力的方向。术语规范化是一个庞大的系统工程。只有立即行动，采取有效的措施，才能惠及整个法律翻译的发展。[2]

---

〔1〕 屈文生：“中国法律术语对外翻译面临的问题与成因反思．兼谈近年来我国法律术语译名规范化问题”，载《中国翻译》2012 年第 6 期。

〔2〕 刘瑞玲：“试论法律术语翻译的精确性”，载《外语学刊》2010 年第 4 期。

"一带一路"背景下的跨文化法律翻译

辛衍君　贾利云*

一、引言

随着"一带一路"倡议的提出和发展，我国与沿线国家的文化和经济交流与日俱增，涉外业务迅速拓展。在对外贸易交往中，涉外合同的疏漏或者对国际或他国法规法规的误解都可能导致巨大的经济损失，因此，跨文化法律翻译的重要性毋庸置疑。然而，不同国家间的语言、社会传统、法律体系以及文化背景等方面的差异给跨文化法律翻译带来了许多困难。为了更好地解决这些问题，促进交流合作，实现互利共赢，笔者进行了以下有益的探讨。

二、跨文化法律翻译面临的挑战及其应对措施

（一）法律文化、法律翻译与跨文化法务交际

文化塑造了我们看待世界的方式。我们感知和评价日常生活、商业和法务活动中的行为都在一定程度上受到文化的影响。跨国贸易中，企业在其商业活动的整个过程中都离不开法律咨询、文件和宣传，基于法律意见综合评估风险、进行战略选择，进而推动谈判与合作，法律文化在其中产生了潜移默化的影响。因此，为了提高跨文化法律翻译的能力，我们需要首先了解法律文化、法律翻译和跨文化法务交际的概念。

* 辛衍君，中国政法大学外国语学院教授；贾利云，中国政法大学外国语学院硕士研究生。

1. 法律文化。法律是文化的重要组成部分，文化构成法律发展的内在动因和基础。不同学者对法律文化有不同的解读。美国法学家 Friedman 在“法律文化与社会发展”一文中指出，法律制度的组成部分可以分为三类：结构性的、实体性的和文化性的，法律文化是社会中和法律相关的价值和观念网络〔1〕。我国法学界对法律文化的讨论和研究始于 20 世纪 80 年代中期。孙国华在《法学基础理论》教材中专门讨论了法律文化问题，将之定义为“人们调整社会关系的智慧、知识和经验的结晶，反映了历史积累起来的有价值的法律思想和有关法的制定、法的适用等的法律技术，反映了法律调整所达到的水平”〔2〕。

狭义来讲，法律文化是指人们在长期生活中形成的法律认识、观念、态度和价值观，广义上还包括法律制度规范、法律理论、法律技术、法律行为等，因为一定社会条件下，后者不可避免地也带有历史、文化属性。因此，我们在理解法律文化时，不能脱离特定国家、地区、民族的历史文化背景，而且必须同时关注相关的物质和精神层面的内容。

2. 法律翻译。翻译是跨文化交际的一种重要手段和途径。法律翻译，作为一门专门用途英语，区别于通用英语和其他特定领域使用的英语，在跨文化法务交际中发挥着不可或缺的作用。

对于如何理解法律翻译，一些学者提出了自己的看法。Sarcevic 认为，法律翻译是法律机制内的交际活动，对法律翻译的诠释经历从转码过程到交际活动的过程〔3〕。各个国家的法律构成一个独立的法律制度，有其特定的术语组成、概念结构、分类规则、法律来源、方法论和社会与经济原则。Cao 则认为，一方面，

---

〔1〕 Lawrence Friedman, “Legal Culture and Social Development”, *Journal of the Law and Society Association*, Vol. 1969, No. 4.

〔2〕 孙国华主编：《法学基础理论》，中国人民大学出版社 1987 年版，第 306 页。

〔3〕 Susan Sarcevic, *New approach to legal translation*, Kluwer Law International, 1997.

法律翻译受源语（SL）和目标语（TL）法律性质和法律语言的制约；另一方面，法律翻译是一个人为参与过程的产物，译者在特定的情境和语境下受一系列法律和其他条件约束进行工作的产物[1]。张法连在《法律英语翻译教程》中指出，“法律翻译是一种语言转换，又不仅仅是语言的转换。各国的历史、语言、文化、习俗等的差异导致了法律的差异”[2]。

可以看出，法律翻译作为一种社会实践活动，带有社会文化属性，不同国家的法律语言有其特色，反映特定的法律文化和秩序。法律翻译工作者必须克服不同语言、文化和法律之间的障碍。

3. 跨文化法务交际。在不同国家、民族相互往来交流的过程中，不免发生法律文化的碰撞和互动，相互影响、交织。跨文化法务交际对一国法律的发展起着重要的推动作用，在提升对外交流水平、减少贸易往来冲突和摩擦、促进合作和共赢等方面起到了重要作用。

关于法律领域的跨文化交际，不少学者在跨文化交际或商务交际中有所提及，如窦卫霖在《跨文化商务交际》的“跨文化商务伦理”一章中谈到了国际商务下的法律环境和主要法律问题[3]；陈国海等在《跨文化沟通》中讨论了法律与文化的关系、不同法系及特点、跨文化商务谈判中的法律适用和跨国公司相关的法律规制[4]。但总体上看，较系统地研究跨文化法务交际下的法律翻译的学术成果却不多。下文中，笔者拟结合实例，从跨文化法律翻译中遇到的挑战及其应对措施两个角度来探讨这个话题。

（二）跨文化法律翻译中遇到的挑战

我们经常听到“法言法语”这个概念，从分门别类的范畴划分

---

〔1〕 Deborah Cao, *Translating Law*, Multilingual Matters, 2007.

〔2〕 张法连主编：《法律英语翻译教程》，北京大学出版社 2017 年版，第 4 页。

〔3〕 参见窦卫霖：《跨文化商务交际》，高等教育出版社 2011 年版。

〔4〕 参见陈国海、安凡所主编：《跨文化沟通》，清华大学出版社 2017 年版。

到细碎繁杂的法律条文，从审慎严谨的格式化文书到法庭上的唇枪舌剑，无不体现法律语言的特殊性。法律翻译和其他类型翻译相比，专业性强，严谨性高，难度也相对更大，专业术语多，概念纷冗繁杂，句子长而复杂，且频繁使用古旧词、拉丁词、法语词和套话赘词，这些都极大地增加了法律翻译的难度。但“一带一路”背景下法律翻译所面临的挑战却远不止于此。

1. 典型案例摘录。

案例一：“为了”译为“随着”，一字之差企业诉讼近3年

某能源行业在哈中资企业从国内进口设备，在进口设备合同中将“为了某项设备进关”翻译成“随着某项设备进关”，由于当时进关时未保留相关证据，而哈国海关在对企业进行检查时，根据合同的表述判定企业需要补缴大额关税及罚款，该企业为此提出行政复议，该项诉讼长达近3年，虽然企业最终胜诉，但所耗费的时间、精力和财力都给企业正常经营带来了不可估量的损失。[1]

案例二：“按照服务项目的10%支付费用”译为“按照服务合同的10%支付费用”，企业损失巨大

某服务行业在哈中资企业在与其分包服务方签订合同时，将合同中“按照服务项目的10%支付费用”错误翻译成“按照服务合同的10%支付费用”，由于企业每个合同都含有多项服务，条款本身仅对单个服务项目适用，可是错误的翻译导致企业需要按照整个服务合同的金额比例支付费用，给企业带来了巨额的损失![2]

案例三：逸盛公司与英威达公司申请确认仲裁条款效力案

逸盛公司与英威达公司在2003年签署的技术许可协议中约定：“有关争议、纠纷或诉求应当提交仲裁解决；仲裁应在中国北京中

〔1〕 中哈“一带一路”联合协会：“翻译服务”，载中哈“一带一路”联合协会，http://www.cncoc.kz/?page_id=2216，最后访问时间：2019年4月3日。

〔2〕 中哈“一带一路”联合协会：“翻译服务”，载中哈“一带一路”联合协会，http://www.cncoc.kz/?page_id=2216，最后访问时间：2019年4月3日。

国国际经济贸易仲裁中心（CIETAC）进行，并适用现行有效的《联合国国际贸易法委员会仲裁规则》。”（以上约定的原文为英文：“The arbitration shall take place at China International Economic Trade Arbitration Centre（CIETAC），Beijing，P. R. China and shall be settled according to the UNCITRAL Arbitration Rules as at present in force.”）2012年7月11日，英威达公司向中国国际经济贸易仲裁委员会提出仲裁申请。2012年10月29日，逸盛公司以双方约定的仲裁本质上属于我国仲裁法不允许的临时仲裁为由，向宁波市中级人民法院申请确认仲裁条款无效。案件报请最高人民法院审查后，法院认为：当事人虽然使用了“take place at”的表述，此后的词组一般被理解为地点，然而按照有利于实现当事人仲裁意愿的目的解释方法，可以理解为也包括了对仲裁机构的约定。虽然当事人约定的仲裁机构中文名称不准确，但从英文简称CIETAC可以推定当事人选定的仲裁机构。裁定案件所涉仲裁条款不违反我国仲裁法的规定，驳回了逸盛公司的诉请。〔1〕

案例四：波兰高速公路巨额索赔案

2009年9月，波兰A2高速公路开始招标，中国海外工程有限公司与国内四家公司组成的联合体以不到波兰政府预算一半的价格中标A、C两个标段。但中方公司在未仔细勘探当地地形和充分了解东道国法律、经济、政治环境的情况下，就与波兰相关部门签下总价固定的合约。波兰A2项目招标采用国际工程通用的FIDIC合同，中海外中标后和波兰公路管理局签署的是波兰语合同。但是，中海外只是请人翻译了部分波兰语合同，英文和中文版本的合同只有内容摘要。此外，由于合同涉及大量法律和工程术语，摘要也翻译得不尽人意。同时，中海外急于拿下该项目，认为一些工作不必

〔1〕 最高人民法院：浙江逸盛石化有限公司与卢森堡英威达技术有限公司申请确认仲裁条款效力案（2014年），载中国法院网，https：//www.chinacourt.org/article/detail/2015/07/id/1662475.shtml，最后访问时间：2019年4月3日。

过细，其中甚至包括关键条款的谈判。与菲迪克标准合同相比，中海外联合体与波兰公路管理局最终签署的合同删除了很多对承包商有利的条款，设置了诸多对承包人不利的条款。事后，中海外曾对外表示，这是造成工程失败的主要因素。[1]

2. 语言、文化、思维差异带来的挑战。法律翻译首先必须高度重视语言问题。法律翻译的准确性和有效性必须建立在充分理解、正确表达的基础上。使用母语或非母语、英文水平的高低、译员工作的质量、双方所用术语行话的解读，都会影响彼此的交际。如案例一、案例二和案例四中，涉及大量法律和工程术语的合同翻译，不完整的、质量无保证的译文造成彼此的误解，一字之差都可能带来巨大的损失。“一带一路”沿线国家使用的语言种类众多，官方语言或国家通用语就接近 50 种，但我国目前开设的语种数量和培养的语言人才的数量仍无法满足市场的需求，既懂语言又懂技术的复合型人才十分稀缺。

此外，不同国家和民族的文化各有其特点，影响着人们的思维、价值观和对外沟通方式。跨文化交际领域的先驱 Edward T. Hall 认为，文化像一个具有选择功能的“筛子”一样，引导人们对信息的选择性关注和忽略，文化中的情景和语境影响人们对信息的解读和传递[2]。口头对话和书面交流中，面对面地聊天和网络交际中，人们的表现、对方的反应、给人的感受都有很大的差别。有的文化注重语境，有的文化并非如此。他将文化在语境这一维度上的差异分为两种：高语境文化和低语境文化。Hofstede 分析文化差异时，提出了六维度文化理论：权力距离、不确定性规避、个人主

---

〔1〕 朱树英：“从两个失败案例看国际工程承包的法律危险”，载项目管理评论，http：//www. pmreview. com. cn/index. php？ m = content&c = index&a = show&catid = 9&id = 101，最后访问时间：2019 年 4 月 3 日。

〔2〕 Edward T. Hall, *Beyond culture*, Anchor Books/Doubleday, 1976.

义与集体主义、男性化与女性化、长期取向与短期取向、放纵与约束〔1〕。“一带一路”沿线国家在这些文化维度上处于不同位置，如案例四中的波兰就是一个低语境国家。

不同国家、不同民族的人，其推理方式、思考问题的角度也有所差异。此外，个体在特定社会历史文化背景下的思维方式也存在分歧。例如，西方人多为线性思维，分析性地看待世界，关注事物本身的特征和成因，将事物和它们所处的环境割裂开来，认为事物以线性的方式发展。而东方人强调系统思维，从整体的角度看待世界，关注事物间的联系和所处的环境，认为事物是循环往复发展的。思维方式还可分为综合型、理想型、实用型、分析型和现实型，人们处事的风格、对生活的态度和看待问题的视角都有其特色。因此，跨文化法律翻译需要考虑不同人的思维方式。

3. 法系、制度规范、法务实践差别带来的挑战。法系是指有共同法律传统的国家和地区的法律，不同法系之间有着很大的差异。华瑀欣在《“一带一路”沿线国家环境法概论》中将“一带一路”沿线60多个国家的法系分为7类，分别为：大陆法系国家，海洋法系国家，伊斯兰法系国家，兼具大陆法系和海洋法系特点的国家，兼具大陆法系和伊斯兰法系特点的国家，兼具海洋法系和伊斯兰法系特点的国家，其他法系国家〔2〕。一些国家因历史政治原因，沿袭了别国宗教或法律体系的传统，例如，立陶宛、爱沙尼亚、拉脱维亚、中亚五国借鉴了苏联的法律体系，尼泊尔受到印度教的影响，不丹和泰国受到佛教的影响，以色列受到犹太教的影响，而约旦则兼具大陆法系、海洋法系和伊斯兰法系的特点。

除了法系的不同，“一带一路”沿线国家在法律体系、制度规

〔1〕 Geert Hofstede, *Culture's Consequences: Comparing Values, Behaviors, Institutions and Organizations Across Nations*, Sage, pp. 24~26.

〔2〕 参见华瑀欣：《“一带一路”沿线国家环境法概论》，社会科学文献出版社2017年版。

范上也存在差别。对外投资、贸易往来、员工雇佣、工程承包、提起诉讼或仲裁等法务交际活动无不涉及相关的法律体系。不同的法律传统或者渊源在投资者保护和纠纷解决方式上存在显著不同。例如，普通法系国家相较于大陆法系国家对投资者的保护力度更大。审理案件时，普通法系双方当事人及其律师在法庭上相互对抗，而法官充当消极、中立的仲裁者的角色，不会积极主动地认定事实和证据；大陆法系法官主导诉讼程序，可以主动寻找证据、查明事实，当事人处于被动地位。此外，“一带一路”涉及的法律还包括全球性的条约协定、区域性法律、多边条约、双边条约、国内法等法律，使得对外交往面临的法律环境愈加复杂。案例四中提到的FIDIC合同就是一种国际性的条款。

法务实践层面，“一带一路”沿线国家也有着各自的特点。跨文化法律翻译过程中，既需要了解特定国家法律职业者的资格认定、权利义务、执业范围、职业道德，也需要清楚他们的法务工作流程、工作习惯、处事原则、沟通方式等，如与对方的邮件往来、视频会议、桌上谈判、当庭对质的技巧和禁忌，以及法律文书写作、合同订立、讨论案情、争端解决的注意事项等。为客户提供法律翻译服务，也需要充分了解客户的情况、需求和期望，避免过于主观、盲目决策。

（三）跨文化法律翻译中应对挑战的措施

因不同国家历史渊源和文化背景的差异，跨文化法律翻译过程中出现困难、障碍在所难免。面对这些挑战，我们应当看到，虽然它们给我们的交际互动带来了不便，但也让我们切实体验到了不同法律文化的差异，积极应对、有效解决这些问题，也可以进一步提升我们跨文化法律翻译的能力。

1. 树立开放包容心态，提升专业翻译能力。不同文化背景的人们相互交往，难免出现文化冲突和交流障碍。重要的是，首先要从思想上认识到这一点，在心理上做好准备，保持开放包容的态度，打破成见、偏见，避免出现文化的负迁移现象，从而阻碍对对方文化的了解、影响彼此间的交流。此外，翻译质量是考量个人翻译水平的试金石，跨文化法律翻译过程中，必须高度重视翻译能力的锻炼和提升，在法律翻译中更要追求严谨准确、清晰简练、规范地道，避免出现翻译错误，高效合理地安排时间，做好项目管理和翻译工作。

2. 加强对涉外法律知识的了解。法律在“一带一路”建设中可以为商务活动提供保障，引导双方的行为合法合规，还可以使利益受损方通过相应的法律渠道得到救济。因此，跨文化法律翻译工作者必须对“一带一路”沿线国家的法律知识有一个基本的了解。提前熟悉东道国的国情政策、市场状况、法律法规以及国际相关法律法条的规定。例如，制定合同时，什么样的行为合法，什么样的行为不合法；遇到难题时，从什么样的法律法规中寻找规制方式；出现纠纷争端时，诉诸什么渠道可以高效、快速解决。同时，跨文化法律翻译工作者还应当对风险管控机制有一定的了解。

3. 提升涉外法务实践的技能。中国企业在“走出去”的过程中，离不开法律的支持和法律工作者的帮助。法律又是一个重实务、重应用的行业，跨文化法律翻译工作者还必须努力提升其涉外法务实践技能：提高非言语交际能力，增强对商务和法务礼俗的了解和学习；增长行业知识，提升专业素养，进行相关培训，强化项目管理、风险管控、问题解决和灵活创新能力；加强沟通和交流，准确定位分歧所在，及时反思、化解误会；学会用对方的思维理解其行为，同时坚持自己的原则、捍卫自己的利益；努力建立良好的关系，促进相互交流和共同进步。

三、结语

综上所述，在“一带一路”跨文化法务交际中，跨文化法律翻译工作者置身于多元的法律文化之中，接触错综复杂的法律体系和制度规范，会遇到许多困难和挑战。我们要正确看待遇到的挑战和障碍，“遇山开路，遇水搭桥”，牢固树立跨文化交际意识，接纳文化差异，保持对文化差异的敏感度，以包容开放的心态应对挑战，加强沟通和交流；深入了解不同国家的国情政策、法律制度，拓宽法律视野，培养法律思维和职业道德，提高语言功底和专业技能，加强综合应对和处理问题的能力，相互借鉴、学习，以更好地为“一带一路”建设助力。同时，在“走出去”的过程中，还应当加强本民族优秀文化的传播，讲好“一带一路”故事，让世界人民更多地接触和了解中国，增进彼此的理解和认同。

“止于至善”的英译研究

高语莎*

一、引言

《大学》以“大学之道，在明明德，在亲民，在止于至善”开篇，是关于修身治国平天下思想的重要儒学篇目。《大学》作为“四书”中的首部经典，在儒学西传的历史上留下了很多印迹，是研究儒家思想西渐历程的重要材料。

二、十六至十九世纪的《大学》英译历程

早在十六世纪，西方世界已经出现了儒学典籍的译本，《大学》也作为儒家经典被译介至欧洲，然而其英译本的出现则历经了从转译到直译的漫长过程。《大学》早期的西译从拉丁文开始，在拉丁文译本的基础上又出现了法文、英文的转译本。至于西方直接以中国典籍作为底本进行《大学》的英译，则可以说是从十九世纪新教传教士展开翻译活动时才正式开始的。

《大学》最初面世的西文译本是拉丁文本，这是因为“四书”早期在西方的翻译和传播事业主要由耶稣会士承担，最早可以追溯到利玛窦（Matteo Ricci，1552—1610）与罗明坚（Michele Ruggieri，1543—1607）。其中，利玛窦的译本目前无迹可寻，但有文献证明利氏曾经进行过翻译“四书”的活动，并有学者认为其译本成为后来耶稣会士译介“四书”的底本；罗明坚则被认为是《大

* 高语莎，北京外国语大学研究生。

学》的第一个翻译者，其翻译的《大学》开篇部分收录在 1592 年波赛维诺出版的《选集文库》（*Bibliotheca Selecta*）中。[1]

及至十七、十八世纪，将中国经典译介至西方世界的活动逐渐活跃起来，随着《大学》拉丁文全译本在欧洲出版，其他欧洲语言的转译本也陆续问世、流传，最终推动了《大学》英译事业的发展。目前可以判断，最早在欧洲出版的《大学》拉丁文全译本收录在《中国的智慧》（*Sapientia Sinica*）一书中。该书 1662 年刊刻于江西建昌，其中，《大学》的翻译由耶稣会士郭纳爵（Ignatius da Costa，1599—1666）完成。此书由于刻本印数有限，在欧洲的流传范围不广。[2] 1676 年，多明我会士闵明我（Domingo Navarrete，1618—1686）以西班牙文写作的《中华帝国的历史、政治、伦理及宗教概论》（*Tratados históricos, políticos, éthicos y religiosos de la Monarchia de China*）一书在马德里出版，其中涉及对《大学》思想的叙述以作为对儒家思想的介绍。[3]

十七世纪下半叶，在英国首次出现了英文版的《大学》段落，这可能是英语世界最早的儒家思想文本，收录于英国皇家学会成员、宫廷牧师纳撒尼尔·文森特（Nathanael Vincent，1639—1697）的著作 *The Right Notion of Honour* 之中。该著作出版于 1685 年，由几部分组成，包括作者 1674 年 10 月对国王查理二世进行布道的实录以及该布道内容的注释。其中，在对第 19 页布道内容所作的注释中，作者在介绍中国的相关情况和孔子其人之后，附加了《大

〔1〕 罗莹："《中国哲学家孔子》成书过程刍议"，载《北京行政学院学报》2012 年第 1 期。

〔2〕 罗莹："十七、十八世纪'四书'在欧洲的译介与出版"，载《中国翻译》2012 年第 3 期。

〔3〕 罗莹："中国'礼仪之争'中反对'文化适应政策'的声音——以《中华帝国的历史、政治、伦理及宗教概论》一书为中心"，载《国际汉学》2016 年第 2 期。

学》“三纲领”“八条目”的译文。[1] 根据詹金森（Jenkinson）的研究，文森特（Vincent）被称作第一个接触了儒家思想的英国人。他虽然不通中文，但通过英国皇家学会在十七世纪八十年代获取了拉丁文的儒学经典文本。文森特（Vincent）翻译《大学》所使用的底本被推测是1662年刊行的《中国的智慧》，该书从建昌经由果阿传回欧洲，并在1685年之前就进入英国皇家学会成员的视野了。[2]

另一本收录了《大学》拉丁文全译本的重要著作是柏应理（Philippe Couplet，1623—1693）主持编辑并于1687年在巴黎出版的《中国哲学家孔子》（*Confucius Sinarum Philosophus*）。参与该书编译工作的除柏应理之外，还有其他三位耶稣会士，分别是殷铎泽（Prospero Intorcetta，1626—1696）、恩理格（Christian Wolfgang Henriques Herdtrich，1625—1684）和鲁日满（François de Rougemont，1624—1676）。该书内容包括了除《孟子》之外的“三书”拉丁文全译本，所使用的中文底本为张居正的《张阁老正字四书直解》，出版后在欧洲引起了相当的轰动，这一点从陆续出现的转译本可以看出。例如，在该书出版的翌年，其法译本《中国哲学家孔子的道德》（*La morale de Confucius*, *Philosophe de la Chine*）就在阿姆斯特丹问世了，其中收录了部分章节的《大学》《中庸》《论语》译文。这一法文版本继而成为1691年在伦敦出版的英译本的底本，该英译本的标题为 *The Morals of Confucius*, *a Chinese Philosopher*（《中国哲学家孔子的道德》），出版商为兰德尔·泰勒（Randal Taylor）。上述法文节译本和英文节译本均在十八、十九世纪多次再版，可见该书在当时社会产生的影响。1711年，比利时耶稣会士

〔1〕 Vincent, N., *The Right Notion of Honour*: *As it was Delivered in a Sermon before at Newmarket*, *4 October* 1674 *ANNOTATIONS*, London: Richard Chiswell, 1685: 21.

〔2〕 Jenkinson, M. “Nathanael Vincent and Confucius's ‘Great Learning’ in Restoration England”, *Notes and Records of the Royal Society of London*, vol. 60, no. 1, 2006: 35~47.

卫方济（Francois Noel，1651—1729）的著作《中华帝国六经》（*Sinensis Imperii Libri Classici Sex*）在布拉格出版，其中收录了包括《大学》在内的“四书”的拉丁文全译本。

进入十九世纪，《大学》的西译活动仍然在继续着，并且随着新教传教士的东渡和进入中国，出现了不少堪称经典的重要英文译本。《中国哲学家孔子》继 1688 年被译为法文并于 1691 年被转译成英文出版后，1818 年约瑟夫·塔拉（Joseph Tala）又出版了该著作的第二个英文转译本，标题是《孔子的生活与道德》（*The Life and Morals of Confucius*）。[1] 在新教传教士的《大学》英译方面，早期的重要译本包括收录于 1812 年出版的马礼逊（Robert Marrison，1782—1834）所著的《中国通俗文学译文集》(*Horae Sinicae: Translations from the Popular Literature of the Chinese*）的译本和 1814 年出版的马士曼（Joshua Marshman，1768—1837）所著的《中国言法》(*Clavis Sinica: Elements of Chinese Grammar*）的译本。1828 年，师从马礼逊的柯大卫（David Collie，1791—1828）出版了自己所翻译的“四书”，其中包括《大学》，这个译本一定程度上是对马礼逊译本的继承。在早期的儒学典籍英译中，新教传教士、汉学家理雅各（James Legge，1815—1897）的译本最为著名，其《大学》译本有二：一是收录于 1861 年出版的《中国经典》（*The Chinese Classics*）中的朱注本《大学》；二是收录于 1885 年出版的理雅各所译牛津大学《东方圣书》(*The Sacred Books of the East*）之《礼记·大学》。

三、诸《大学》英译本“至善”的文本分析

在本文的上一节，笔者对十六至十九世纪的《大学》英译历程做了简要的回顾。基于上述文献中可以获得的版本，笔者整理了几

---

〔1〕罗莹：“《中国哲学家孔子》成书过程刍议”，载《北京行政学院学报》2012 年第 1 期。

种译本中《大学》“三纲领”之一的“止于至善”中“至善”这一短语的翻译，并将试论“止于至善”中的“善”的翻译缘由。

表1 “善”在诸英译本中的译文比较

译者和（或）出处	译文	底本	出版年份
纳撒尼尔·文森特(Nathanael Vincent)	chiefest good〔1〕	《中国的智慧》	1685
《中国哲学家孔子的道德》	chief Good〔2〕	《中国哲学家孔子》	1691
马礼逊《中国通俗文学译文集》	the utmost bounds of goodness〔3〕	《四书章句集注》	1812
马士曼《中国言法》	the summit of all virtue〔4〕	《四书章句集注》	1814
柯大卫《四书译注》	the summit of excellence〔5〕	《四书章句集注》	1828
理雅各《中国经典》	the highest excellence〔6〕	《四书章句集注》	1861

〔1〕 Vincent, N., *The Right Notion of Honour: As it was Delivered in a Sermon before at Newmarket*, 4 *October* 1674 *ANNOTATIONS*, London: Richard Chiswell, 1685: 21.

〔2〕 Anonymous, trans. *The Morals of Confucius, a Chinse Philosopher*, London: Randal Taylor, 1691: 33.

〔3〕 Morrison, R., *Horae Sinicae: Translations from the Popular Literature of the Chinese*, London: Black and Parry, 1812: 21.

〔4〕 Marshman, J., *Elements of Chinese Grammar, with a Preliminary Dissertation on the Characters, and the Colloquial Medium of the Chinese, and an Appendix Containing the Ta-Hyoh of Confucius with a Translation*, Serampore: the Mission Press, 1814: 3.

〔5〕 Collie, D., *The Chinese Classical Work Commonly Called The Four Books*, Malacca: the Mission Press, 1828: 1.

〔6〕 Legge, J., *The Chinese Classics with a Translation, Critical and Exegetical Notes, Prolegomena, and Copious Indexes*. Vol. I., London: Trubner & Co., 1861: 220.

续表

译者和（或）出处	译文	底本	出版年份
理雅各《东方圣书·礼记》	the highest excellence〔1〕	《礼记正义》《钦定礼记义疏》	1885

由上表可知，“善”在不同译者的知识背景和不同历史语境的影响下存在着不同的译法。从字面来看，“善”的翻译大体分为三类：①good 或 goodness；②virtue；③excellence。进一步从译本参照的底本来看，可以分为两类：①参照耶稣会士拉丁文本完成的转译本；②以汉文书目为基础完成的直译本。这意味着汉籍的英译受到译者理解、既存译本、东西方各异的哲学体系等方面的多重影响。

文森特（Vincent）的译文“chiefest good”与《中国哲学家孔子的道德》的译文“chief Good”十分接近，都将“善”译为“good”，其首要原因可能在于他们所使用的翻译底本最初都是由耶稣会士翻译的拉丁文译本，所以其翻译很大程度上会受到拉丁文译本的影响。文森特（Vincent）所使用的《大学》底本被判断为 1662 年刊行于江西建昌的《中国的智慧》，其中，《大学》由郭纳爵所翻译。〔2〕英文文本《中国哲学家孔子的道德》的直接底本则是基于拉丁文《中国哲学家孔子》完成的法文节译本。值得注意的是，《中国哲学家孔子》所收录的《大学》是在《中国的智慧》中郭纳爵译本的基础上完成的，〔3〕这几个文本的内在联系可见一斑。

在《中国哲学家孔子》的《大学》拉丁文全译本中，“至善”

〔1〕 Legge, J. , trans. *THE LÎ KÎ. Vol II. SACRED BOOKS OF THE EAST, VOL*. 28. Oxford: Clarendon, 1885. Available from: http://www. sacred - texts. com/cfu/liki2/liki239. htm

〔2〕 Jenkinson, M. , “Nathanael Vincent and Confucius's ‘Great Learning’ in Restoration England”, *Notes and Records of the Royal Society of London*, vol. 60, no. 1, 2006: 35~47.

〔3〕 王辉、叶拉美：“‘直译’的政治：马礼逊《大学》译本析论”，载《广东外语外贸大学学报》2008 年第 3 期。

的翻译是“in summo bono”(至善)。[1] 在《中国的智慧》中,“止于至善”的译文虽然与《中国哲学家孔子》的不尽相同,但也包含了“in summo bono”这一短语。[2] 而在法文节译本中,“至善”被译为“Souverain bien”(至上的善)。[3] 考虑到上述各版本译文的内在联系,以及文森特(Vincent)、《中国哲学家孔子的道德》两英译本对底本的参考,二者将“善”翻译成名词性的“good”可以说是适当的。

另外,在汉文原典的底本方面,《中国的智慧》采用朱熹的《四书章句集注》作为底本。[4] 而在《中国哲学家孔子》的翻译过程中,传教士们举行了“广州会议”,并在会议上针对利玛窦在华传教策略和对宋明儒学理念的态度展开了激烈讨论。受此影响,传教士们采用了张居正的《四书直解》作为底本,有意淡化理学代表人物朱熹与儒学经典“四书”之间的关系。此外,张居正也更多地将《大学》的传播对象限定在君王上,与先秦原典的涵义更为接近。[5] 然而,由于《四书直解》本质上只是利用更加简单易懂的文句对《四书章句集注》进行再次阐释,所以客观上来说,应认为《中国哲学家孔子》的参照对象包括张居正和朱熹双方的解释。因此,上述分析有助于了解文森特(Vincent)和《中国哲学家孔子的道德》对“善”采取的同样翻译的缘由。

再看直接以朱熹《四书章句集注》作为底本进行《大学》英

---

〔1〕 梅谦立:“《孔夫子》:最初西文翻译的儒家经典”,载《中山大学学报(社会科学版)》2008年第2期。

〔2〕 Da Costa, I., Intorcetta, P., *Sapientia Sinica*, Kien Cham, 1662.

〔3〕 Anonymous, trans. *La Morale De Confucius, Philosophe De La Chine/Confucius*, Amsterdam: Savouret, 1688: 22.

〔4〕 梅谦立:“《孔夫子》:最初西文翻译的儒家经典”,载《中山大学学报(社会科学版)》2008年第2期。

〔5〕 梅谦立:“《孔夫子》:最初西文翻译的儒家经典”,载《中山大学学报(社会科学版)》2008年第2期。

译的几份译文。首先，马礼逊把“至善”翻译为“the utmost bounds of goodness”，将“善”译为“goodness”。和上述文森特（Vincent）、《中国哲学家孔子的道德》的“good”有类似之处，然而“goodness”更侧重于描述对象所具有的品质、特质。此外，马士曼对“至善”的译文是“the summit of all virtue”，即将“善”翻译成“virtue”。一般意义上，“virtue”是指德行、美德，表面上看来似乎与原文的“善”有所偏差。但马礼逊和马士曼的翻译有着共通之处，他们都把“善”理解为一种关乎“德”的性质，且与个人的品行关系密切。笔者将在下一节对这种译法的合理性进行论述。

最后，与上述译者不同，柯大卫和理雅各均把“善”译为了“excellence”，即“擅长某事”“某事做得好”之意。柯大卫在其《四书》译著的前言中直言不讳地表示《大学》的理论是在一些错误原则的基础上构建出来的。此外，他也表明知晓马礼逊以及马士曼的《大学》译本的存在。[1] 然而，柯大卫对“善”的翻译不同于马士曼的“virtue”。此外，柯大卫曾师从马礼逊学习中文，但在“善”的翻译上没有遵从马礼逊的译法“goodness”，可见柯大卫在此处遵循了自己对原典的理解。

此外，理雅各在《中国经典》版《大学》的注释中明确表示该译文遵循了朱熹的阐释，《礼记·大学》的译本是根据未经二程、朱熹调整过的《大学》文本翻译的，但两种译本中的“至善”均译为“the highest excellence”，由此可见，这与作者对文本的理解密切相关。此外，在“三纲领”这一段落的译者注释中，理雅各首先写道，《大学》要实现的目标是两个，即“明明德”和“新民”，而“止于至善”只是这两个目标实现的程度和标准。接下来，理雅各又通过引用孔颖达的“在止处于至善之行”而导出另外一种阐

---

〔1〕 Collie, D., *The Chinese Classical Work Commonly Called The Four Books*, Malacca: the Mission Press, 1828: Preface iii.

释，即认为"止于至善"是指完善自我的行为，这是《大学》要实现的第三个目标，但随后又阐述了自己的不同意见：真正的目标似乎只有两个，因为在这个阐释框架下，"明明德"和"止于至善"似乎没有本质区别。[1] 综上可以看出，理雅各更倾向于认同前一种阐释，也就是认为"止于至善"是"明明德"和"新民"应该达到的一种至高、完美的状态，故可理解其将"善"译为"excellence"的原因。

四、理解"善"在汉文语境下的涵义

朱熹于《大学章句》中提出了《大学》的"三纲领"，即"大学之道，在明明德，在亲民，在止于至善"。在《大学章句》中，朱熹指出"至善"的意义是"事理当然之极也"，由此推断"善"在此处对应着"事理当然"这一意义。张居正在《大学》直解中亦使用了朱熹的原文。[2] 因此，可以认为，二者均把"善"理解为顺应天理的适度的行为。

朱熹的学说是在承袭二程思想的基础上得以发展的。根据李日章的研究，在关于"理"与"善"的关系上，程颢在解释《易经》中"一阴一阳之谓道，继之者善也"这一句时指出，"继之者善也"是指"道"的作用，且"道"是"理"的异名。[3] 此外，二程也一致认为"性"即"理"，即可推论出"理"是善的，则"性"也是善的。[4] 因此可知，二程将"理"与"性"联系起来，并为其赋予了"善"的内涵。朱熹晚年的得意门生陈淳在《北溪字义》

---

〔1〕 Legge, J. *The Chinese Classics with a Translation, Critical and Exegetical Notes, Prolegomena, and Copious Indexes*. Vol. I., London: Trubner & Co., 1861: 220.

〔2〕 参见（明）张居正：《张居正直解〈论语〉〈大学〉〈中庸〉》，中国言实出版社 2017 年版。

〔3〕 李日章：《程颢·程颐》，东大图书股份有限公司 1986 年版，第 69~70 页。

〔4〕 李日章：《程颢·程颐》，东大图书股份有限公司 1986 年版，第 89 页。

中亦总结道，“性即理也”[1]，还说“所谓‘德性’者，亦只在我所得于天之正理，故谓之德性”[2]，剖析了“德”与“理”之间的关系。

此外，关于“善”字本身的内涵，笠原仲二以《说文》为基础，结合诸多中国古籍对“善”字所指的内容进行了梳理，指出“善”的原始意义是鬼神对是非、曲直的正确审判，并与多个文字互训，在后世逐渐衍生出更多层次的释义。其中值得注意的是，鬼神好正直，并且符合鬼神之意的行为被认为是适当的、值得赞赏的。[3] 孟子性善说的“善”的内容正是从顺应鬼神之意的“正直”的道德品质这一核心发展充实的。[4] 由此观之，“善”自拥有符合鬼神之意的正直品质从而获得鬼神嘉纳这一原点出发，发展出了伦理意义上的与“恶”相反的意义，同时也内含着道德、行为、嘉赏等层次的内容。

在上一节中，笔者试析了各个译法产生的原因，但未进一步解决马士曼将“善”译为“virtue”这个问题。根据本节前述的内容，“善”本身内含了与正直、品德相关的内容，而且考虑到理学家视角中“性”“理”“德”等中国哲学概念的共通性和“善”的属性，存在着马士曼把“止于至善”之“善”理解为一种道德境界的可能性。

综上所述，“善”字本身已经有丰富的内涵，所以尽管有朱熹“事理当然”的解说，各个译者依然根据其个人的理解得出了不同的翻译结果。

---

〔1〕（宋）陈淳：《北溪字义》，中华书局1983年版，第6页。

〔2〕（宋）陈淳：《北溪字义》，中华书局1983年版，第43页。

〔3〕［日］笠原仲二：《古代中国人的美意识》，杨若薇译，生活·读书·新知三联书店1988年版，第270页。

〔4〕［日］笠原仲二：《古代中国人的美意识》，杨若薇译，生活·读书·新知三联书店1988年版，第290页。

五、结语

笔者首先回顾了《大学》从十六世纪到十九世纪的英译概况。随后，笔者选取了部分能够获得阅读途径的《大学》英译本进行文本分析，以理解译者对原文的解读与翻译的考量。最后，笔者通过考察理学家对“理”“性”“德”等中国哲学概念的阐释，以及从文字角度对“善”的概念进行考证，进一步完善了对翻译结果的理解。

根据对本文所选择的文本对象的考察结果，可以得出两个结论：

第一，底本的选择对译文结果有着不可忽视的影响。以西文译本为底本的转译本和以汉文原典为底本的直译本对同一概念的翻译会产生相当不同的结果。笔者认为，转译本更容易受到该西文底本的影响，而直译本则更取决于译者本身的理解。

第二，由于中国原典的文字本身具有丰富的内涵，具有极大的阐释空间，所以，同一概念在译介的过程中极易出现不同的翻译结果。这种现象是正常的，也有助于促进对异文化语境和思考模式的理解。

谈合同翻译

——以英文商务合同为例

迟小飞*

随着时代的发展和全球化的进一步深入，我国提出了构建“一带一路”的倡议，与周边国家的经济合作不断加强，中外企业的交流合作亦日渐频繁。在此背景下，作为对外经济贸易发展的基础及贸易双方合法权益的保证，商务合同的重要性日趋明显，对商务合同翻译的需求也日益增加。商务合同的翻译在经济贸易中占据重要地位，直接关系到国际贸易双方的利益。在我国的国际贸易中，经常接触到的商务合同有买卖合同、代理合同、租赁合同、信贷合同等，一般会涉及运输、保险、金融、经济等多个领域，通常具有独特、逻辑性强、专业正规、框架层次明确、语言句式清晰等特点。

一、商务合同

商务合同是企业、经济组织或个人之间为实现一定的经济目的，进行商品交换、融资、经济技术合作和交流而签订的明确双方权利和义务的书面协议，是当事人双方用来维护自身权益的法律文件，属于法律性公文。商务合同既具有商务英语的特点，又具有法律英语的特点。商务合同既包括从事商务活动的自然人或法人为实现一定的商务目的，为明确相互权利和义务而进行的具有法律效力的契约的签订，也包括他们用来表达这一契约的语言。商务合同所涉及的商务活动领域很多，如技术引进、对外贸易、招商引资、对

* 迟小飞，中央民族大学博士研究生。

外劳务承包、国际金融、涉外保险、国际旅游、海外投资、国际运输等。为了达到有效交际，商务合同的语言既要具备法律行文的严谨性，保证逻辑严密，重客观事实而忌主观色彩，又要使用专业术语、固定的句法以及格式等。

二、商务合同翻译的原则

1. 准确性原则。[1] 制定商务合同的出发点在于明确双方在特定经济活动中的权利与义务，明确商务合同的订立背景、矛盾来源与解决途径、外界不可抗力因素以及合同的法律效力，并对谈判双方的契合点与争论点作出明确的语言说明与问题阐释，以期促进商业贸易的长期友好发展。准确性作为商务合同翻译中的首要原则，具有鲜明的实践意义。翻译者既需要本着严谨务实的态度进行内容传达与条框构建，保持词语的完整性，又应从合同文件的列举提纲与现实意义等层面出发，对实际意思进行阐述与合理延伸。

2. 忠实原文原则。商务合同作为传达交易双方合作与发展理念的重要承载体，需要在保证语言精准性的同时，保证与原文内容的真实衔接，力争对原文信息实现“等值处理”。此外，在翻译原文内容中不常见的表达、晦涩词语以及复杂条例时，应优先考虑翻译文本的准确度与真实还原度，对源语文本内容进行忠实传达，保证翻译语言的可信度与连贯度。译者应充分认识到合同翻译语言的权责意识、规范度与简练度，以商务合同的应用实况为背景进行语言框图的构建。例如，当合同主要受到中国法律的管辖时，应着力按照中国商贸文书的翻译原则来进行，包括特殊语言的正式度、信息的完整度以及专有名词的翻译方式等，以此来避免来自不同国家的贸易双方出现经济交易以及法律权责的纠纷。

3. 维护文化差异性原则。翻译工作者应该认识到各国在语言

---

〔1〕 孙会军、郑庆珠：“系统功能理论与翻译理论研究”，载《外语与外语教学》2000 年第 10 期。

表达方式、经济活动设置以及商贸思维方式上的差异性，努力保证不同国家之间语言思维的对等性，以及翻译语言的精准性、区域性，以此来避免语言表达方面的理解偏差。因此，在商务合同翻译的过程中，翻译人员应努力掌握不同地域的语言文化知识，在全面认知他国文化的基础上，对合同中涉及双方的内容进行高效传输。

三、商务合同的词法特征

（一）名词化倾向

所谓名词化，是指句子变为名词或名词词组，从而使表达过程的动词和表达属性的形容词具有名词的特征。在现代商务英语中，普遍存在名词化的现象。一般来说，文体越正式，其名词化的程度也越高。名词化更符合商务英语的行文习惯，名词化也使语言变得更为客观和正式，使商务信息量更加集中。在商务信函和商务合同中，名词化更是占有极其重要的地位。

（二）正式词[1]

正式词在商务合同中的使用是极为普遍的，商务合同庄重的文体主要体现在措辞的正式性上。因此，为了使陈述更加正式，商务英语合同通常避免使用口语化或非正式的表达，而使用更多的正式词代替非正式词。示例如下：

Either party has the right to terminate the agreement upon negotiation.

这句话中使用了正式词“terminate”代替口语化的单词“end”，大大增强了句子的正式性。又如：

In the life of the Contract，each Chinese Investor shall have an option，and be entitled to put and sell any or all of his shares in the JVC to ××and ××shall have an obligation to purchase said shares in accordance

---

〔1〕参见冯庆华主编：《文体翻译论》，上海外语教育出版社2002年版。

with the price formula referred to in Article 13. 3 below.

这句话中使用了更为正式的短语“be entitled to”和“in accordance with”，而不是非正式短语“have the right to do”和“according to”，同样是因为正式的短语更能体现出正式性。

（三）专业术语

专业词汇主要是指在某一学科或特定领域中所使用的专门用语。这些专门用语有其特定的含义，并在各自的专业领域中被广泛使用。由于对外经贸合同主要涉及国际贸易及国际投资这两方面的内容，因此，在起草、翻译英文商务合同时，经常会用到许多国际经贸、国际结算及国际投资等领域中的专业词汇。专业术语是用来确切表达科学概念的词，具有单义性、排斥多义性和歧义性、不带个人感情色彩等特点。合同术语不但意义精确，而且具有国际通用性，具有鲜明的文体特色。作为具有法律效力的契约性文件，商务合同中也使用了较多的法律专业的术语。法律术语有狭义与广义之分。狭义的法律术语如“action”（诉讼）、“party”（当事人）、“financial responsibility”（经济责任）、“final”（终局裁决）等，不以大众是否理解或接受为转移，是商务合同语言准确表达的保障。广义的法律术语则包括在法律文体中被赋予特定法律意义的常用词语，这类词语如果把握不准的话，很容易导致翻译和理解的模糊性，因此要格外留意。例如：“The contract is concluded in case of acceptance off the offer.”很容易译为：“提议一旦接受，合同随即订立。”因为在普通的英文词典中，offer 被解释为“提供、提议、意图”，acceptance 被解释为“接受、领受、验收”等意思。实际上，“offer”与“acceptance”是合同法中两个重要的法律术语，offer 只能译为“要约”，相应的要约人是“offerer”；“acceptance”只能译为“承诺”，相应的承诺人就是“acceptor”。

（四）使用外来词和古体词[1]

商务合同使用的商务类专业术语有不少源于拉丁语和法语，有些则是由其词根派生或合成，许多术语都有相同的前缀或后缀。尽管古体词在现代英语中已很少使用，但在商务合同等法律文体中却屡见不鲜。一方面是因为古体词庄重、正式而且简洁；另一方面是因为古体词较少有联想意义，语义严谨明确，意义比较稳定，有利于精确地表达概念，比一般的现代英语词汇更严谨、准确。古体词反映了合同语言的保守倾向和契约性，以及行文正式、严肃、古板的文体特征。商务合同英语最具特色的古体词形式当数自由词素“where”“here”“ there”与“in”“by”“with”“after”等构成的复合副词：①here + 介词：如“hereby”“hereto”“hereof”“herein”“herewith”“hereinafter”等。这里“here”相当于“this”，指本文献、合同或有关文件，因此，“hereto”（本合同）相当于“to this”，依此类推。②there + 介词：这类词有“thereto”“thereon”“therein”“thereof”等，其中，“there”相当于“that”，指句子前面已出现的某个名词或名词词组，因此，“thereto”（根据那一点）即为“ to that”。③Where + 介词：如“whereas”“whereby”“wherein”“whereof”“whereupon”中“where”相当于“which”或者“what”，“whereof”（关于它）也就是“of which”。使用古体词不但避免用词重复和文句冗长，还起到了承接合同条款的作用。

（五）缩略词

缩略词在英文商务合同中出现的频率很高，而且主要为首字母缩略词和截短词。国际经贸合同中的价格、支付及保险方式大多以首字母缩略词形式出现，如 FOB（Free on Board 装运港船上交货）、T / T（Telegraphic/Transfer 电汇）、W. A. （With Average 水渍险）等。此外，经贸合同中的一些计量单位及相关名称则通常以截短词

---

〔1〕袁琳：“合同类文本汉英翻译的特点、原则及策略：某公司《合资经营合同》及《股权购买协议》的翻译报告”，中国海洋大学 2013 年硕士学位论文。

形式出现，如 CTN（carton 纸箱）、V（vessel 船）、MAX（maximum 最大）等。

（六）时间词

由于合同中的装船、支付等条款必须有明确的时间限定，对时间的要求十分严格，因此，译文中有关时间的翻译必须与原文吻合，否则合同一方会利用时间上的漏洞有意拖延交货或货款的支付。合同翻译是一项专业性很强的业务，应体现合同的严密性及专业性，如果译文存在漏洞，会给合同的操作带来诸多不便，甚至会引起经济纠纷。

（七）大量使用情态动词

合同中往往出现较多的情态动词，包括“shall”“must”“may（not）”等，在翻译时尤其要谨慎。“shall”在合同中出现的频率最高，是极为严谨的法律文件专用词，常用来表示法律上可以强制执行的义务、当事人应该承担的义务；“must”用于强制性义务；“may”旨在约定当事人的权利；“may not”（或“shall not”）用于禁止性义务。

（八）同义词、近义词的并列使用

法律英语在用词上除专业语言、专业词汇外，还要求十分准确的进行遣词造句。为排除英语词汇常常有一词多义易发生歧义的问题，常采取同义词连用，取两个词或多个词的共义来限定其唯一词义。避免歧义的另一途径是尽可能少用代词，这些都是为避免合同双方发生误解、矛盾、争论而逐渐形成的法律语言，在个性和风格上有别于其他一般语言。为了严谨起见，商务合同多用“and”或“or”把两个或多个同义词（近义词）并列起来。并列的各词语之间通常意义交叉，可以在内容上互相补充，从而使词义更具有唯一性，而不产生语义歧义。例如，合同条款中会出现“today and hereafter”“secret and confidential”等并列的近义词。

综上所述，作为一种法律文书，商务合同尽管用词难度大，要求严苛，但其措词仍有规律可循。商务合同的翻译必须忠实、准确、统一，要想真正实现这一标准，就应从词法层面上全面把握商务合同的语言特征。

四、实例分析

商务合同是当事人解决经济纠纷，进行调解、仲裁或诉讼的法律依据。翻译和签订合同必须慎重，千万不能草率从事，否则，后果不堪设想。我国有一家外运公司在翻译合同时，因一词之差导致不但未从外商手中追回 20 万美元，反而倒欠对方 20 万美元。另有一家公司在一项国际项目的投标中，将投标书报价中的“or”误译成“and”，致使该公司的投标价在原报价的基础上翻了一番，一开标即当场废标。类似情况比比皆是，不能不引起广大翻译工作者的高度重视。

试举几个例子。有一位译者将下述条款：“Without prejudice to any rights which exist under the applicable laws or under the Subcontract, the Contractor shall be entitled to withhold or defer payment of all or part of any sums otherwise due by the Contractor to the Subcontractor.”误译成：“承包商依据适当的法律或分包合同在对拥有的任何权力不带成见的条件下，应该有权扣留或暂缓支付在不同情况下应由承包商支付给分包商的任何全部或部分金额。”究其原因，主要是缺少翻译实践造成的。“prejudice”一词作名词用时本身具有“成见、偏见，歧视，损害、不利”之意；作动词用时有“使怀成见、使抱偏见，损害、侵害，不利于、使受到不利的影响”之意。例如，“Her mistake prejudiced the outcome.”（她的错误使结局受到了不利的影响。）“without prejudice to”有“不使（合法权利等）受损害”之意，这一短语在合同中经常出现。诸如“Without prejudice to Sub-Article 2.1, ...（在不违背第 2.1 款规定的情况下，……）”“Without prejudice to the Contractor's right to suspend /terminate this Agreement...（在不影响承包商暂停/终止本协议的权力的情况下……）”等，都是商务合同中频繁使用的词句。熟练掌握这些词句后，就不难翻译这段文字了。

参考译文如下：“在不影响按适用法律或分包合同享有任何权利的情况下，承包商有权扣留或暂缓支付承包商应付给分包商的全部或部分到期金额。”

再举一例。有关保险（Insurance）的一段文字如下：

“Where by virtue of this Article, the Subcontractor is required to effect and maintain insurances and /or to al low the Contractor to take out insurances in the Subcontractor's name, then at any time until such obligation has been fully performed, the Subcontractor shall produce to the Contractor's satisfactory evidences thereof in the form required by the Contractor (such as copy of cover notes), including evidences that payment of the corresponding premiums have been made, and in the event of his failing to do so, the Contractor may himself effect such insurance and recover the cost of so doing from the Subcontractor.”

有的译者翻译为：“根据本条款规定，要求分包商去实现和维持保险和/或以分包商的名义使承包商取得保险，其后一直到该责任已被充分履行之任何时候，分包商应以承包商要求的格式（例如保证金票据支付）呈出使承包商满意的凭证（包括已支付的相应的保险费凭证），在分包商未能如此办理之情况下，承包商可能会自已实现该保险并要从分包商那里弥补办理该保险的费用。”

仔细分析这段译义，可以看出有许多表达不妥的地方，诸如“实现和维护保险”“使承包商取得保险”“以…… 格式（例如保证金票据支付）呈出凭证”“从分包商那里弥补费用”等。从英文文法的角度讲，条款原文中的“（such as copy of cover notes）”是用来解释说明“evidences（凭证）”的，而不是说明“form（格式）”的，而且在这里，“cover notes”本身指“保险证明书”，而不指“保证金票据支付”。

参考译文如下：“在根据本款规定要求分包商取得保险并保持其有效和/或允许承包商以分包商的名义取得保险时，分包商应在完全履行该职责前的任何时间内按承包商要求的格式呈出使承包商满意的凭证（诸如保险证明书复印件），包括已支付相应保险费的凭证。在分包商未能如此办理的情况下，承包商可自行办理该保险并从分包商收回办理该保险的费用。”

由此可见，想要翻译好商务合同，译者需要掌握相关专业背景知识与法规知识，力求准确翻译商务合同。在商务合同的翻译过程中，既要保证词汇意义的表达准确，同时又要体现出专业术语的价值，做到简练翻译，满足合同阅读与使用的需求。同时，翻译商务合同还要了解商务合同涉及行业的相关发展情况，注重准确体现商务合同的背景，正确展示商务合同涉及的行业内容知识，满足合同订立的公平、互惠等交易原则。

五、商务合同翻译的难点

（一）普通词汇理解与转换失误

值得注意的是，商务合同英语中通常有不少普通词汇，对此应从专业角度来明确含义，否则会导致合同意思模糊不清。由于合同本身具有条理清晰、逻辑严密的特点，因而合同中的任何条款和文字都是按照合同双方的需求严格部署的。在翻译过程中，经常容易出现译者对于词汇的意义层次感拿捏不到位的现象，导致译文不够完整准确，语义含混，难以理解。

（二）专业术语和缩略词的翻译

国际商务活动具有高度专业性，包含大量的专业术语，初涉合同翻译的译员可能因专业知识匮乏而难以把握。需要强调的一点是，译者需要严格遵守缩略词规范进行文本转换，不可随意编造缩略词和译法。例如：“POD”指“货到付款”；“KPI”指“关键业绩指标”。又如，典型的术语翻译错误是将“the Landed Value of the Product(s)”译为“产品的土地价值”，而此术语应是商务中的“落地价”，即包含运费、税费、仓储在内的全部费用。对于专业术语和缩略词的翻译，可以尝试采用如下翻译策略：

第一，利用信息搜索技术，检索专门术语平台或语料库。

第二，利用术语抽取工具，在翻译之前对术语进行快速提取，然后找专业人士进行术语译写。

第三，直接向客户公司索要公司的术语。

第四，必要时还可以通过专门渠道购买专业术语语料。

六、结语

作为一名翻译工作者，不但要具备扎实的汉语基础和外语功底，而且要熟练掌握相关专业的知识和翻译理论，更重要的是要有一定的翻译实践。合同语言自成体系，有自己的个性与特点；合同用语准确正规、界说分明、简洁严谨，有自身独特的一套完整用词路数及专业用语。翻译合同文件时，不仅应该注意源语的语言特点，更为重要的是，应研究译文的法律用语、用词的特点。

随着我国市场经济的不断发展和改革开放的不断深入，对外经济贸易往来日益频繁，企业涉外经营的规模逐步扩大，与外商合作的机会越来越多，起草、谈判、签订商务合同成为必不可少的环节，合同翻译在其中起到了不可或缺的桥梁作用。翻译合同条款定要字斟句酌，准确、规范，不能模棱两可、含糊其辞，以致留有后患。我们要致力于提高国际贸易中商务英语合同翻译水平，保障各个合同当事人主体权益，努力培养高水平的翻译人才，正确掌握商务合同专业语言特点，提升自身作为翻译人员的责任意识，熟练掌握商务英语的相关知识。

中国司法改革外宣翻译的可接受性初探
——基于司法改革关键词的实证研究

刘　畅*

一、引言

随着改革开放的持续深入，新时代的中国充盈着新故事。以“公平正义”为总目标的中国司法改革也已迈入关键阶段。在创新对外传播、讲好中国故事、提升国家司法形象的同时，司法改革外宣工作不仅要“多点开花”，着力完善司法改革主题相关白皮书的英译工作，加大各主流媒体对外报道司法改革动态的力度，更要以接受理论和“译文可接受性”为指导，关注现有译文在目标受众中的可接受性，分析影响译文接受效果的诸多因素，探索如何提高译文的可接受性，实现有效交流的目的，为日后司法外宣工作的开展提供指导意见。

二、司法改革外宣翻译研究

（一）术语界定

张健指出，“外宣翻译是翻译的一种特殊形式，指在全球化背景下以让世界了解中国为目的，以汉语为信息源，以英语等外国语为信息载体，以各种媒体为渠道，以外国民众为传播对象的交际活

* 刘畅，北京冬奥组委项目助理。

动[1]”。广义上的“外宣翻译”包罗万象，内容几乎涵盖各行各业。因此，中国的司法改革工作也属国家外宣的主要内容之一。司法改革外宣文本中虽涉及大量法律术语，表达多呈现出专业性和系统性的特点，但对相关文本的翻译研究仍可比照外宣翻译研究进行。

译文的可接受性作为外宣翻译的研究角度之一，是指“译文读者对译文能否完全理解，译文是否明白易懂”[2]。可接受性的高低即对应着读者对译文的理解程度高低，将直接影响翻译和交流的效果。尤其对于外宣翻译而言，如若目标读者难以接受和理解译文，外宣即告失败。

（二）研究综述

综观外宣翻译的可接受性研究，因翻译方向多为中译外，故研究主力大多为国内学者，很难找到国外在此领域的相关成果。但不可否认的是，海外学者在相关学术观点以及研究方法方面给予了我们极大的启发。德国康茨坦斯大学文艺学教授 Hans Robert Jauss 在《文学史作为向文学理论的挑战》一文中首次提出了“接受理论”的概念。其后十年，接受理论迅速发展，随后与美国的读者反映批评理论合流。与此同时，学者开始将接受理论与翻译研究相结合，关注翻译的本质和作者、译者、读者在翻译过程中构成的三角形关系结构。“翻译研究”学派的创始人 Gideon Toury 提出，翻译当以读者的接受度为主要考量因素，实现译文“可接受性”，即译作需为迎合日的语规范而做出相应调整。[3] Eugene A. Nida 也指出，译文读者对译文的理解应当达到与原文读者对原文文字理解一致的

[1] 张健：“全球化语境下的外宣翻译‘变通’策略刍议”，载《外国语言文学》2013 年第 1 期。

[2] 参见范仲英编著：《实用翻译教程》，外语教学与研究出版社 1994 年版。

[3] Toury, G, *Descriptive Translation Studies and Beyond*, Shanghai: Shanghai Foreign Language Education Press, 1995.

程度，并且强调任何信息如果起不到交际的作用，就会变得毫无价值。[1]

从国内学界来看，从读者接受角度研究外宣翻译正处热潮。基于外宣的本质目的，即在世界舞台上塑造和提升中国文明开放、和平和谐的国家形象，彰显中国日益增强的国家软实力，越来越多的学者开始关注译文的可接受性，主张从接受理论的角度研究外宣文本翻译，强调读者意识，关注目标读者对于译文的接受和反应，试图从中探索出更为高效的交流和翻译策略，期望实现译文读者与原作者的视野融合，增进译文读者对源语文化价值观的理解与认可。

以“外宣翻译”和“读者接受”为组合关键词在中国知网上进行搜索，已有 20 篇文献以学位论文和期刊文章的形式被录入数据库平台。其中，侧重归纳翻译策略的文章占多数。然而，接受理论的加入虽然拓宽了外宣翻译的研究思路，提倡在译前、译中将读者因素列入考虑范围，有助于提高译文质量。但在译后反思环节，鲜少有对译文可接受性的实际评价。仅有寥寥几位学者从译文接受效果的视角出发，展开实证研究。窦卫霖教授作为外宣翻译可接受性实证研究方向的领军人物，结合问卷调查、数据分析、后续访谈等多种方法分别对中国官方宣传语、中国关键词以及热点新词的英译文可接受度展开了实证研究，得出中国特色话语在对外传播中应当遵循“以我为主、重视差异、不断强化、渐被接受”的翻译传播策略，[2] 在上述研究中，问卷结构大多相似，除罗列原文译文之外，选项设置为“难”“易”或“是”“否”，要求受访者根据自身主观感受进行选择，以此统计分析译文的可接受性程度。

〔1〕 Nida, E. A, *Language, Culture, and Translating*, Shanghai: Shanghai Foreign Language Education Press, 1998.

〔2〕 窦卫霖：“政治话语对外翻译传播策略研究——以‘中国关键词’英译为例”，载《中国翻译》2016 年第 3 期。

三、基于司法改革关键词英译可接受性的实证研究

译文的可接受度会随时代、社会、意识形态等因素的变化而受到影响。我们只能以翻译理论为依据，从成功的翻译事例中探讨译作的可接受性。因此，笔者从词汇的层面出发，以中国的司法改革外宣为主题，期望通过实证研究的方式全面客观地展示中国司法改革关键词的翻译接受程度，并以此初探中国司法改革外宣工作成效。

（一）研究设计与方法

本研究主要考察以下三个主题：

1. 以关键词的英文译文作为中国司法改革外宣文本的代表，判断来自英语母语的读者是否能够正确地理解和接受英文译文和源语内涵。

2. 结合翻译接受理论，探究影响外国受众译文接受效果的因素。

3. 英语母语的读者对于中国司法改革外宣英译的建议。

第一个主题主要通过问卷调查的形式收集定量数据开展分析，后两个主题的考察则通过后续的访谈环节进行。通过收集调查问卷的数据，统计关键词英译本理解正确率，并从参与者中挑选出较有代表性的5位进行访谈，深入探讨翻译接受效果的影响因素，以及读者对于译文的具体意见。

（二）研究准备

1. 关键词选取。改革开放的40年，也是我国坚持司法改革的40年，在这伟大的历史进程中，中国的司法改革与时俱进、渐次展开，走出了一条中国特色社会主义司法改革道路，深刻地推动了我国特色社会主义司法制度的自我完善与发展。中国的司法改革外宣也由《中国的司法改革（2012年10月）》白皮书的英译工作起步，伴有中国官方媒体的英文报道和外方媒体的转载或报道。

因此，本研究所涉及的中国司法改革的关键词锁定在2012年至今，由中华人民共和国国务院新闻办公室出版的司法改革相关白皮书以及2015年至2018年间最高人民法院发布的工作报告之中。双语语料库中具体文档包括：《中国的司法改革》《中国法院的司法改革（2013—2018）》《中国法院的司法公开（2013—2016）》《中国法治建设年度报告（2015）》《中国法治建设年度报告（2016）》和2016—2018年最高人民法院工作报告。

关键词的频次统计和挑选主要经过以下三个步骤。首先通过THULAC〔1〕中文词法分析工具包对语料进行中文分词，同时借助NLPIR〔2〕平台实体抽取主题关键词，并且进行词频统计。剔除"和""等""中国""法院"等无统计意义的词汇后，就两个系统内的词频统计和关键词提取结果进行比对。辅之以专家、媒体、大众的评论热度，参考《人民法院报》发布的年度人民法院十大关键词，作者最终选择了巡回法庭（circuit court）、公益诉讼（public interest lawsuit）、法官员额制改革（the reform on quota of judges）、司法公开（judicial openness）、司法责任制（judicial accountability）、立案登记制（case filing registration system）、智慧法院（smart court）、执行难（difficulty of judgment enforcement）等8个中国司法改革的关键词作为具体研究内容，并且以此作为研究司法改革外宣翻译可接受性的代表，初探外宣翻译的读者接受效果。值得说明的是，所选关键词的译文均来自刊登在中华人民共和国国务院新闻办公室网站上的英文版白皮书，具有一定的权威性和传播性。

2. 问卷设计。实证研究的第一部分为问卷调查，将研究重心

〔1〕 THULAC（THU Lexical Analyzer for Chinese）是由清华大学自然语言处理与社会人文计算实验室研制推出的一套中文词法分析工具包，具有中文分词和词性标注功能，准确率高，在标准数据集Chinese Treebank（CTB5）上分词的F1值可达97.3%，词性标注的F1值可达到92.9%。

〔2〕 全称为自然语言处理与信息检索共享平台，采用交叉信息熵的算法自动计算关键词和统计词频。

放在目标读者的理解和反应上。在问题设计上，在每一条译文后附有对术语的定义供参与者参考，判断其对于关键词译文的理解与术语在源语中的含义是否一致。问卷要求受访者根据其主观理解，以“是”或者“否”的选项判断其能否正确理解译本及其中所蕴含的信息。如果认为并不能正确理解源语信息，参与者须将具体理由陈述在 B 选项后，以供笔者探究影响读者理解和接受效果的原因，思考如何提高译文的可接受性，为日后司法改革外宣工作提供建设性意见。

例如，关于“巡回法庭”一词，问卷问题设定如下：

Q1. Circuit Court

(The courts inaugurated in 6 cities by China's Supreme People's Court can handle 11 specific categories of case with a jurisdiction of several provinces. All the judges working in the circuit courts will be selected and sent by China's Supreme People's Court.)

Is this expression clear to you?

Yes________

No________ (please briefly explain why)

在 8 道选择题之后，作者还设置了一些填空问答题，收集参与者的个人背景信息，包括他们的年龄、性别、国籍、专业、是否到过中国、对中国的了解程度如何等。

3. 问卷发放与收集。为了解中国司法改革关键词对外翻译的接受程度，实证研究以母语为英语的目标读者为研究对象。通过 Survey Monkey 问卷调查软件发放并回收到问卷 64 份，其中有效答卷 62 份。参与者年龄跨度大，专业覆盖广。他们中既有刚满 18 岁的高中生，也有经验丰富的医生、教师、工程师等，学历从高中生到博士生不等。其中 39 位参与者曾经来过中国，有 4 位正在中国工作或者交流学习。

（三）问卷结果统计和分析

经过历时一年多的问卷调查和访谈，笔者对问卷结果进行了初步的数据统计。8 个关键词的英文译文在英语读者的接受情况如表 1 所示。

表 1　8 个司法改革关键英译可接受性情况统计

关键词	英文译文	“是”	“否”
巡回法庭	Circuit Court	79%	21%
公益诉讼	Public Interest Lawsuit	89%	11%
法官员额制改革	The Reform on Quota of Judges	82%	18%
司法公开	Judicial Openness	77%	23%
司法责任制	Judicial Accountability	87%	13%
立案登记制	Case-Filing Registration System	89%	11%
智慧法院	Smart court	77%	23%
执行难	Difficulty of Judgement Enforcement	79%	21%

统计表明，8 个关键词的英译可接受程度相对平均，大部分被调查者都认为自己能够理解问卷表中司法改革关键词的含义。共有 3 个关键词的可接受度超过 85%，占问题总数的 37.5%，分别为“公益诉讼”“司法责任制”“立案登记制”。可接受度最低的 2 个关键词为“司法公开”“智慧法院”，参与者回答“否”的比率均为 23%。

除统计回答选项“是”和“否”外，作者还对参与者在选项 B 后罗列出的困惑进行了整理分析，主要有以下两大类，共 4 小类的原因。

首先是语言因素，部分参与者指出自己并不了解译文及括号内解释中提到的法律术语；除此以外，还有几位针对术语概念的解释译文提出了不同意见，认为括号内词句之间逻辑关联性不强，甚至存在语言规范方面的问题，容易造成理解上的混乱。

其次，在信息层面，有 8 位参与者在问答中写道，括号内的含义介绍不够详尽，不足以支持他们对个人理解和源语信息二者之间的匹配程度进行比较，比如，司法公开的内容和具体实现途径，公益诉讼的案件范围等。类似地，还有人在阅读和理解过程中，不由自主地对中国和其所在国家的司法制度背景进行比较，直接将英文译文错置于别国司法背景，从而忽略了文化差异。比如，在说明中，有参与者将“司法责任制”中提出的“统一同类案件裁判尺度要求”混淆为英美法系中的遵循先例原则。

结合他们的背景信息，作者发现共有 14 名参与者拥有法学教育背景。综合比较他们的答卷，这些参与者更关注于探究国家之间的司法差异。除了关键词的英文译文，他们希望能够同时获得关键词的英文概念。换言之，对他们而言，只有“关键词+解释”的翻译组合才可以有效提高对外宣传的可接受性。

在本次实验中，有 23 位参与者从未到过中国，有 45%的参与者认为他们对中国不甚了解。在其他学者的中国特色表达英译研究中，结论大抵都是：被调查者对中国文化和中国国情的熟悉程度，有利于提升其对于英文译文的理解和接受。中国的司法改革极具中国特色，其中的关键词更是我国特有的政策和观念。然而在本研究中，他们的答卷上回答“是”的比率却远高于“否”。究其原因，可能是在他们读题做题的过程中，并没有意识到政治和司法体系上的中外差异，只是“先入为主”地代入自己对于关键词的一般理解，误认为已经有效接收了源语信息。因此，数据统计结果仅能反映出译文在目标读者间的整体接受程度。译文可接受度的具体影响因素还需通过一对一的交流才可总结得出。

（四）后续访谈

除了横向比较每一条译文的读者接受效果之外，作者还采取了纵向比较的方式，根据每一位被调查者的个人背景信息，对他们进行分类。综合比较他们理解的正确率高低，从中挑选出 5 位代表，利用 Skype 软件对他们进行采访。具体采访内容包括但不限于如下几点：

1. 是否关注过中国司法改革的报道和文章。

2. 初见英文术语时的主观感受，理解过程中遇到了哪些障碍。

3. 在听完关于关键词在源语中内涵的详细讲解后，对于目前的翻译有何修改建议。

5位受访者分别来自巴巴多斯、加拿大、英国和美国，其中4人曾经在中国学习、工作或是游玩，仅有1位从未到过中国。在采访开始前，作者对中国的司法改革进程和问卷中的8个改革关键词进行了简单介绍。他们均表示平时很少关注到有关中国司法改革的新闻报道，这从一定程度上反映出当前的司法改革外宣工作仍然有待提高。

作者将访谈者对影响关键词英译可接受性的具体因素归纳为“语言表达的规范”“负载文化的差异”“对外宣传的目标”三点，这与曾剑平提出的译作可接受性判断要素——语言因素、文化语境和交际意图相一致。[1] 无论是语言的规范性，文化特色的准确体现，还是出于交流目的而对翻译内容进行取舍，都将有助于契合读者的期待视野，提升译文的可接受性。同时，也有受访者考虑到对外宣传的载体大多为新闻报道，建议将研究内容置于文段中。他认为上下文语境的加入有助于提供更多背景信息，帮助读者理解关键词句。

在问及如何改进现有译文的时候，受访者们主要有以下三点建议：

1. 要贴近译入语的文化语境。比如，建议将“立案登记制度”的翻译改为“case-filing system”，主动契合英文语境中的对等表达，而不必苛求中英文在文字的表层结构上的一一对应。在译入语中寻找含义相近的表达，就容易与目标读者在认同上达成一致，译

〔1〕 曾剑平、钟达祥：“论译作的可接受性”，载《南昌大学学报（人文社会科学版）》2005年第4期。

文也就容易被接受。同时，在解释和翻译关键词的内涵时，也要着力避免搭配不当、用词模糊、句式结构不清等问题。

2. 要适当补充背景知识，以满足不同读者的需求。例如，在“智慧法院”“司法公开”等关键词的译文后，以脚注或者解释性翻译的形式补充信息，完整地展现关键词在源语中的内涵。

3. 要关注司法体系或文化差异。中国的司法改革中，“巡回法庭”是最高人民法院派驻地方的常设审判机构，属于最高人民法院的派出机构；而英美法律体系中的巡回法院是国家法院体系结构中的一部分，主要审理上诉案件，因此，简单地将中国的巡回法庭翻译为“circuit court”必定会造成读者的混淆。

四、研究发现

我国的司法改革外宣工作仍处于“单向输出”阶段，距离国外媒体的“主动报道”仍有努力和发展的空间。但是，在外国媒体用自己的话语方式去叙述中国故事之前，我们应当首先发声，把握话语的主动权，在第一时间给出权威和准确的译文。

从宏观角度来说，影响中国司法改革外宣翻译可接受性的因素主要是西方读者对中国的司法体系和政治体制缺乏了解。仅靠翻译工作本身来有效解决这个问题过于理想化。究其根本，还需要加快推动媒体融合发展，构建全媒体传播格局，积极部署“大外宣”战略，让外国读者意识到中外有别，从而能尊重差异。

然而在现阶段的外宣工作，还当以提高翻译质量、帮助读者全面接收源语信息为首要考虑。综合考虑语境因素和读者的期待视野，译者在翻译过程中首先应该熟悉交际的目的与目标受众，有的放矢，合理安排翻译策略，提高传播效果，适时使用直译或意译的翻译方法。其次，要尊重译入语的表达逻辑和语言习惯，既凸显法律用语的专业性，又充分表现源语的内涵，减少目标读者因语言模糊、信息不全而产生误解的可能。

与此同时，应当加强外宣专业团队建设。尤其是在司法改革外宣工作中，要广泛吸纳司法领域的权威专家和法律翻译方向的专业人才，邀请他们一同参与到司法改革外宣文本的翻译和审校工作中，从专业语言规范性的角度提升译文在外宣读者中的可接受性。同时也应该积极听取英语母语读者的意见，提高其整体接受效果。

五、结语

随着我国改革开放的扩大和深化，“大外宣”的观念越发深入。外宣工作的推进与完善需以全面客观了解当前工作进展为前提，要高度重视对外翻译在目标读者间的可接受性问题，对影响译文可接受性的关键要素有明晰的认识，并以此为翻译工作的指导原则，改进对外宣传的翻译策略和方法。

本文一方面从读者接受效果和译文可接受性的角度出发，通过问卷调查和后续访谈等实证研究方法收集数据，从客观层面简要介绍了中国司法改革外宣的翻译接受情况；另一方面，以接受理论为指导，探讨司法改革外宣文本中高频表达的英译可接受性，探讨如何提升司法改革外宣关键词的英译可接受性。

通过数据整理，进一步分析如何在保证信息真实准确的基础上，探索如何从语言规范、文化差异等角度提高译文的可接受性，实现对外交流的目的，为日后司法外宣工作的开展提供指导意见。

限于各种主客观因素限制，本次实证研究可能尚存在一些不足，比如：本研究仅从术语角度出发，但鉴于翻译的接受效果必然还与句法、语篇等因素相关，这在一定程度上影响了研究结论的代表性和推广性。衷心希望今后能有更多的相关实证研究，从句法、语篇等多角度探究如何改进译文在读者间的可接受性，为提高我国司法外宣成果在国外受众中的传播效果提供有价值的参考。

国际仲裁中的翻译研究

林海斌*

一、引言

全球化与统一化已成为当今国际仲裁[1]的主流。近10年来，国际贸易全球化导致提交仲裁解决的跨国争议大幅提升。由于在世界范围内对诸如《承认与执行外国仲裁裁决公约》，特别是《贸易法委员会国际商事仲裁示范法》[2]（以下简称《示范法》）等国际法律文本的认可，目前，各国国内的仲裁法律已经取得相当高程度的统一化。

《示范法》已经得到全球大部分国家和司法辖区的部分或全部接受，其中，有相当一部分国家或司法辖区主要通过间接的翻译过程将其转化为本国或本辖区的法律。虽然在此过程中，翻译工作常常身居幕后，但其在国际仲裁的不同方面都扮演着不可或缺的角色，包括对仲裁程序文本的翻译，将国内相关仲裁法律翻译成多国语言，仲裁机构的程序规则翻译，以及多语言的仲裁条款翻译，等。[3]

本文希望阐明：尽管英语语言在全球范围内的使用在不断扩

---

* 林海斌，上海外服集团翻译部。

〔1〕［美］加里·B. 博恩：《国际仲裁：法律与实践》，白麟等译，商务印书馆2015年版。

〔2〕《联合国国际贸易法委员会国际商事仲裁示范法》，2008年。

〔3〕［美］克里斯多佛·R. 德拉奥萨、理查德·W. 奈马克：《国际仲裁科学探索：实证研究精选集》，陈福勇、丁建勇译，中国政法大学出版社2010年版。

大，翻译依然在推动仲裁全球化和国际仲裁统一化方面不可或缺。

二、仲裁语言选择与翻译

（一）仲裁语言选择

翻译通过剔除语言及文化障碍推动仲裁全球化，使得各国当事人能够通过仲裁解决国际争端。在遵循当事人意思自治的前提下，各方可以协商一致将未来可能发生的争端提请仲裁，选择适用的法律、仲裁规则、仲裁地点、仲裁员，以及在仲裁过程中所涉及的书面与口头表述所使用的语言。[1]

尽管许多仲裁机构通常都会有几种官方语言可供选择，但通常的做法是：当事人依然可以自由选择仲裁过程中所使用的语言。比如，国际商会的国际仲裁庭的官方语言是英语和法语，但在实践中，阿拉伯语、德语、意大利语、日语和西班牙语也是其常用语言。语言的选择通常会影响仲裁员的挑选，而这二者的选择则会决定为了保证程序正当，是否有必要对相关法律文本进行翻译。[2]

（二）仲裁语言翻译存在的问题

通常做法是：若属于非仲裁选定语言的文本，均须提供翻译；但是，如果遇到有多语言能力的仲裁员，该仲裁员有时候也会接受非仲裁选定语言的文本。如果当事人质疑对方当事人所提交译文的准确性，则其有义务提供其他版本的译文，并为此承担相关费用。对译文准确性的最终判断由仲裁员作出。一般而言，不论合同选择适用何国法律，当事人会选择一种中立语言（通常是英语）来作为他们合同文本的语言。在国际合同法律中，英语已经成为国际仲裁的通用语言。

---

〔1〕 Marta Chroma, *Legal Discourse across Cultures and Systems*, Hong Kong University Press, 2008, pp. 310~326.

〔2〕 Virginia Benmaman, *Legal Interpreting: An Emerging Profession*, The Modern Language Journal, Vol. 76, No. 4.

此种做法对于非英语母语人士而言是一个利弊共存的选择。当事人、律师和仲裁员在口头与书面交流中使用非母语会提升犯错和产生歧义的可能性，有时甚至会产生新的争端。比如以下例子中，一个中国公司与一个土耳其公司在合同中达成如下仲裁条款：

Place of Arbitration is Zurich, Switzerland, and the language shall be English unless otherwise decided by board of arbitrators. The Board of Arbitration shall take as base the provisions of this Contract and Turkish Laws in force.

参考译文：

仲裁地点为瑞士苏黎世，仲裁语言为英语，仲裁委员会另有规定除外。仲裁委员会应根据本合同规定以及土耳其现行有效法律作出裁定。

该条款的第一个句子非常清晰明了，但是，第二句中双方当事人在法律适用上却产生了争议。争议请求人认为条款中的关键词“土耳其现行有效法律”仅指其实体法，被请求人却辩称该词涵盖土耳其的程序法。在就此事项经过一番争论之后，仲裁庭的多数意见认为：当事人未就仲裁程序适用法律达成一致意见。持异议的仲裁员则认为条款中的“Laws”使用复数形式则表明并没有就实体法和程序法作出专门区分。

（三）仲裁语言翻译策略

由于急于达成交易，当事人通常会忽略起草一份措辞清晰、恰当的仲裁条款的重要性。维也纳国际仲裁庭公布的数据显示：在提交仲裁中心的所有仲裁条款中，大约有50%的仲裁条款存在足以致使条款本身无效的缺陷。[1] 这的确值得我们注意，并且此种情况也会给翻译带来严重的后果。由于法律文本的翻译必须忠实再现源文本，为此，业界达成的共识是翻译的质量不能优于源文本。即使

〔1〕 维也纳国际仲裁庭网，http://www.viac.eu/ch/，最后访问时间：2017年8月31日。

翻译人员认为其知道源文本意欲表达的意思，翻译人员仍然必须禁止自身在翻译过程中对源文本的错误进行的任何修正以及对任何歧义点的澄清。[1]

三、标准仲裁条款与仲裁程序规则

（一）多语言标准仲裁条款

为了防止仲裁条款出现漏洞，世界范围内的仲裁机构均已事先准备好多语言的标准仲裁条款，该类条款通过使用清晰、简洁的语言阐明仲裁条款关键要点，这也使得此类标准条款具有更高透明度的翻译可能性。比如，若当事人希望援用国际商会仲裁庭的规则解决其因订立合同可能产生的纠纷，那么他们通常都会使用如下标准仲裁条款：

All disputes arising out of or in connection with the present contract shall be finally settled under the Rules of Arbitration of the International Chamber of Commerce by one or more arbitrators appointed in accordance with the said Rules.

参考译文：

因履行本合同所引起或与之相关联的所有纠纷应根据国际商会仲裁规则以及由该规则指定的一个或多个仲裁员进行最终裁决。

国际商会的标准仲裁条款已经由国际商会翻译成18种语言并出版，[2] 该等语言包括：阿拉伯语、汉语、日语、保加利亚语、荷兰语、德语、希腊语、匈牙利语、意大利语、波兰语、葡萄牙语、俄语、西班牙语、土耳其语、泰语和越南语。此外，仲裁当事人也应当注意，上述标准仲裁条款中还可以加入关于法律适用、仲裁员人数以及仲裁语言等方面的事项。

---

〔1〕 Enrique Alcaraz, Brain Hughes, *Legal Translation Explained*（《法律翻译解析》），上海外语教育出版社2008年版。

〔2〕 载国际商会网，https://iccwbo.org/，最后访问时间：2017年8月31日。

（二）仲裁程序规则翻译

由于各仲裁机构都希望能够成为国际争端解决的中心，他们也已将其各自的仲裁程序规则翻译成多种语言并公布在官网。比如，德国仲裁机构的官网（www. disarb. de）就以英语、法语、俄语和西班牙语公布了 1998 年版的德国仲裁规则。每一个文本均标明“翻译于德语”字样，并提醒用户“仅德语文本具有权威效力”。

中国国际经济与贸易仲裁委员会的双语（中文和英文）官网（www. cietacsz. org. cn）[1] 对于不懂中文的用户而言，使用也非常方便。2000 年版的贸仲规则也有英文文本，且该文本未作出任何表明其无权威效力的声明。国际商会的国际仲裁庭官网也是一个双语（英语和法语）网站（www. iccwbo. org），新版 1998 年国际商会仲裁规则的源文本使用英文起草，现在网上还有荷兰语、法语、日语、意大利语、西班牙语、波兰语、葡萄牙语和土耳其语版本。但有说明提示：在多语言版本的国际商会仲裁规则中，仅英语和法语文本具有权威效力。

四、术语选择的考量因素

时至今日，世界范围内已经有大约 50 个国家和地区通过逐字翻译或者适当转化的方式适用了《示范法》，其中就包括我国香港和澳门特别行政区（名单参见官网：www. uncitral. org）[2]。大部分所谓的“示范法国家”通过单独制定新的一般意义上的仲裁法律，或者为国际商事仲裁特别立法，实现了对《示范法》的国内转化。《示范法》取得的广泛认可归功于其文本语言自身的中立性与灵活性。

---

〔1〕 载中国国际经济贸易仲裁委员网，http：//cn. cietac. org/，最后访问时间：2017 年 8 月 31 日。

〔2〕 *UNCITRAL Model Law on International Commercial Arbitration*, UNITED NATIONS, Vienna, 2008.

（一）术语使用的中立性

上文所述《示范法》文本特别注重为国际仲裁标准提供“中立性”的解决方式，以使来自不同法律制度、不同语言和文化区域的当事人都能够接受。为了满足世界范围内的用户的需求，文本起草人通过使用通用语言和中立性术语，以实现以其官方语言翻译成的不同译文之间具有完全等值或者几乎完全等值的效果。毫无疑问，这一点极大地推动了“示范法国家”对《示范法》的翻译成效。在将《示范法》转化为国内法时，需要注意的是：应避免使用在国内法律体系中具有特殊含义的国内术语，以保持翻译文本语言的中立性。[1]

由此可见，《示范法》中不包含因受法律制度限制而无法适用于某个或多个具体法律制度的术语，因为不同的法律制度之间存在很大差异，比如，就证据的收集制度而言，普通法制度下的“证据开示”（discovery）、“宣誓书”（affidavit）和“宣誓作证”（deposition）等制度就未为《示范法》所采用。即使是提交仲裁所使用的书面文件也被称为“申诉书与答辩书”（statements of claim and defense）（《示范法》第23条）。

（二）术语使用的灵活性

在避免使用相关术语的过程中，条款中的概念都是通过中立性语言进行描述的。比如，《示范法》第4条关于“禁反言”（estoppel）的概念就是通过平行短语描述为“放弃提出异议的权利”（waiver of right to object）。该条款随后通过举例阐明一方当事人在何种情况下禁止反言，即“应视为已放弃提出异议的权利”。

即使是通用的一般性原则，都是通过描述而非以其固定名称为大多数法律制度所认识，也正是因为这样的一个特点，使得该类通用法律原则能够翻译成各种语言并保持其中立性。比如，《示范法》第18条关于“正当程序原则”（principle of due process）的规定则

---

〔1〕 Pierre Legrand, *Nation, Language, and the Ethics of Translation*, Princeton University Press, 2005, pp. 30~50.

使用了“对当事各方平等相待”（equal treatment of parties）的标题。该条款规定“应对当事各方平等相待，应给予当事每一方充分的机会陈述其案情”（The parties shall be treated with equality and each party shall be given a full opportunity of presenting his case）。

（三）术语选择的目的

为了推动统一化的实现，应该鼓励适用《示范法》的国家在立法时尽可能贴近《示范法》权威文本所采用的体系与语言。毋庸置疑，虽然不能完全实现统一解释，但通用语言和中立性语言的使用极大地提高了国际仲裁的统一化。《示范法》起草者在尝试使用通用性、中立性和可译性语言的过程中，也依然留下了一些仍未解决的问题，如对词条定义的数量极为欠缺。比如，文本中就没有对“裁决”（award）的定义，当然也就没有对“终局裁决”（final award）和“有约束力的裁决”（binding award）的定义了。在仲裁中，广为接受的“既判力原则”（the principle of res judicata）是指：仲裁庭作出的终局裁决对各方当事人具有约束力，且在其他仲裁案件中不被质疑或者撤销或者争议。

五、结语

自对《示范法》的激烈讨论以来，尽管国际仲裁参与者有着不同的来源，国际仲裁也已实现了高度的全球化和统一化。然而，大多数国家还是认为，为了实现法律更高程度的可预测性和确定性，虽然仍会伴随一定程度的差异，对国际仲裁中所涉及的基本概念达成国际认同是相当有必要的。

在推动跨法律制度与文化的交流，以及在促进越来越多的参与者通过仲裁解决争端从而对国际原则形成共识的过程中，翻译扮演着极其重要的角色。对统一化追求的终极目标是：即使各国参与者使用不同语言，但却能对核心概念形成共识，以此促进跨国仲裁法律以及国际仲裁文化的良好发展。

立法文本中因果关系连词的翻译研究

裴　蓓*

一、引言

科技的不断进步促使越来越多的学者和技术人员通过技术手段开发出各种功能和特点各异的语料库。语料库的开发为语言学家快速获取大量的目标语料进行研究提供了十分方便的途径。中国法律法规汉英平行语料库就是基于网络的全面开放的免费语料库。

具有连接功能的连词可用于形成逻辑关系，如并列、因果、选择和转折。由于本文的研究对象是因果连词，因此选择了胡壮麟教授提出的“语篇衔接与连贯”理论。“衔接”最初由韩礼德和哈桑于 1976 年提出，并由他们的学生胡壮麟进一步发展。本文主要以中国法律法规汉英平行语料库收集的数据为研究对象，分析立法文本中因果连词的翻译，并分析归纳译者广泛使用的翻译方法和技巧。作者在分析过程中选用的研究方法为定性分析与定量分析的结合。

作者在运用胡壮麟教授提出的语篇衔接连贯理论对因果连词进行翻译分析之前，必须对可能会使读者感到困惑的词语进行清楚的区分，包括话语、篇章、语篇组织等。

韩礼德和哈桑将篇章的概念与一系列句子的概念区分开来。篇章可以由说话或写作的方式构成。篇章可以以多种形式表达，包括散文或诗歌、对话或独白。篇章可以是任何东西，无论是一句谚

* 裴蓓，中原信达知识产权代理有限责任公司涉外商标代理人助理。

语，还是一出戏，无论是一次呼救，还是一次正式场合的讨论。我们可以清楚地理解，某些单词或句子能否构成一个篇章与它的形式或长度无关。

关于语篇组织的概念，韩礼德和哈桑曾提到，文本中有语篇组织，而这与非篇章不同。作者将通过下面一个简单的例子说明这个概念：

Wash and core six cooking apples. Put them into a fireproof dish.〔1〕

我们很容易发现后一句中的“them”是前一句中的“six cooking apple”的意思。衔接关系的功能是由“them”来实现的，“them”也是一种语篇组织。

从上面的例子，我们可以得出这样的结论：语篇组织可以被看作一个元素，具有衔接的功能，其使整个段落在意义上成为一个统一的整体并且应该包含在一个篇章中。话语和语篇在实际使用中具有地域色彩。美国学者习惯用“话语”这个词，与之配套的则为“话语分析”，欧洲学者习惯用“篇章”的说法，相应的为“篇章语言学”，实际上所谈的是一个内容。〔2〕

张瑞华、王乐乐总结认为，近年来，语料库研究中关于学术文本的研究呈上升趋势，研究的焦点主要集中在其语言模式方面，以期为学术写作提供可靠的建议和参考；在翻译方面，口译研究逐渐受到重视；在话语研究方面，关于医学、医药话语以及翻译话语的研究发展说明基于语料库的话语研究正在逐步壮大。〔3〕

许家金、贾云龙提到，大学英语翻译教学平台是基于网络为支

---

〔1〕 Halliday M. A. K. , Hasan R. , *Cohesion in English*, Beijing: Foreign language Teaching and Research Press, 2001.

〔2〕 胡壮麟编著：《语篇的衔接与连贯》，上海外语教育出版社 1994 年版，第 2 页。

〔3〕 张瑞华、王乐乐：“2017 国内语料库研究综述”，载《天津外国语大学学报》，2018 年第 6 期。

撑的英汉平行语料库，通过创建数据来引导学生使用语料库的搜索软件 PowerConc 进行检索和操作数据库，在自学语言氛围下进行翻译探索，以便为教师提供更多的语料库数据分析，丰富的教学内容和形式，提高学生在更多真实场景中的翻译实践能力。[1] 基于语料库的语言方法允许对文本进行一定程度的自动描述分析，从而为语言描述和各种应用引入了新的维度。语料库的检索采用大量固定的过程，以发现新的信息或对正在检索的语言进行组织、编排或表达。

二、指导理论与研究方法

作者采用的理论是胡壮麟教授提出的“语篇的衔接与连贯”理论。该理论最早由韩礼德和哈桑于 1976 年在他们的著作《英语的衔接》中提出，并由胡教授进一步发展，使该理论更适合中国学者进行研究。作者选取的语料来源于中国法律法规汉英平行语料库，本文作者采用的是定量分析和定性分析研究方法。

韩礼德和哈桑在 1976 年出版的《英语的衔接》一书中提出了英语衔接的概念。衔接是一种语义概念，它指的是某一语篇中意义之间的关系，使表达成为一个语篇。当语篇中某些元素的解释可以与另一个元素的解释相联系时，就存在衔接。当上述情况发生时，能够成功地建立起语篇的衔接关系，从而将这两个要素有机地结合在一起。[2]

作为韩礼德的学生，胡壮麟教授在其著作《语篇的衔接与连贯》中进一步探讨了逻辑联系。胡壮麟教授首先介绍了衔接概念的发展历史。他还从语义上探讨了逻辑的连接性，即添加、过渡、因

〔1〕 许家金、贾云龙：“基于 R-gram 的语料库分析软件 PowerConc 的设计与开发”，载《外语电化教学》2013 年第 1 期。

〔2〕 Halliday M. A. K. 、Hasan R. , *Cohesion in English*, Beijing: Foreign language Teaching and Research Press, 2001.

果关系和时空。在语篇的显性和隐性方面，他认为，连通性的隐性是指所提供信息的逻辑非常清晰，在某些情况下不需要连词将句子组合在一起。胡壮麟教授不仅保留了韩礼德和哈桑的基本理论，还介绍了系统功能语法的及物性、有关信息和语境的理论等成果。

（一）连词相关理论

1. 定义。连词是将词语、短语和句子组合起来，表达它们之间逻辑关系的连接词。黄国文指出，逻辑连通性又称逻辑连词，是表达各种逻辑意义的连接手段。句子之间的语义和逻辑关系可以通过使用各种连词来清晰地表达。连词可以是连词、副词、介词或带连词或从句的介词短语。[1] 逻辑思维的语言体现在连贯的文本中，连贯的语篇体现在逻辑的联系中。逻辑是建构和理解语篇的基础。李东芹指出，逻辑连接是语篇中最常见的连接，没有语法或词汇的篇章衔接（都是隐性连贯）是可以实现的，但没有逻辑连接就绝对没有意义。[2]

2. 连词分类。本文的主要目的是通过语料库的数据，研究立法文本中因果逻辑连词的翻译。本节主要定义了要选择的连接词的范围，并介绍了英语连词和汉语连词的区别。

汉语连词具有连续性、过渡性、因果性等不同的意义。作者根据“新华在线词典”总结如表 1 所示：

表 1　汉语连词汇总表

并列	“有”“和”“跟”“与”“同”“及”“而”“况”“况且”
连续	“则”“乃”“就”“而”“于是”“至于”“此外”
转折	“却”“但是”“然而”“而”“只是”
因果	“原来”“因为”“由于”“以便”“因此”“所以”

〔1〕 黄国文编著：《语篇分析概要》，湖南教育出版社 1988 年版，第 36 页。
〔2〕 李东芹：“逻辑连接词的顺应性翻译”，载《外国语文》2012 年第 4 期。

续表

选择	“或”“抑”“非…即”“不是…就是”
假设	“若”“如果”“若是”“假如”“假使”“倘若”
让步	“虽然”“固然”“尽管”“即使”

英语连词具有连续性、过渡性、因果性等不同的含义。表 2 是具有不同功能的英语连词的总结。

表 2　英语连词汇总表

连续	“also”“and”“then”“too”“in addition”“furthermore”“moreover”
转折	“but”“still”“yet”“however”“nevertheless”“nonetheless”“on the contrary”“even though”“although”
因果	“because”“since”“so”“as a result”“therefore”“then”“furthermore”
目的	“for this reason”“for this purpose”“so that”“in order to”

虽然英汉两种语言的连词大多是相互对应的，但从连词的定义和分类来看，它们之间也存在着不一致之处。彭晓林认为这种情况主要分为以下两类：一是英语连词在汉语中没有对应的连词；二是汉语连词在英语中没有对应的连词。根据连词连接的两个分句之间的关系和汉语与英语连词的分类，我们可以发现，展示递进关系和承接关系的连词在英语中并不存在，英语连词中表示位置、比较、结果关系的不存在于汉语之中。此外，汉语连词通常是成对使用的，而说英语的人只使用其中的一个连词。[1]

（二）中国法律文献平行语料库介绍以及所选用语料

王克非教授提到，中国法律法规汉英平行语料库收录了绍兴文理学院开发的 234 部中文法律及其英译。该语料库中所提取的数据就是本研究的研究对象。它是一个中英双语语料库，包含了我国所

---

〔1〕 彭晓琳：“散文中英汉连词对比及汉译英处理方法：张培基《英译中国现代散文选》评析”，载《重庆交通大学学报（社会科学版）》2008 年第 5 期。

有的法规文本。该语料库可以为作者的研究提供足够多的语料。这是一个基于网络的中国法律文献语料库，为研究人员提供了获取足够多的学术数据进行研究的途径。[1]

该语料库为作者的研究提供了免费、充分的语料库和资料。本文所选语料库为汉英双语语料库，语料库中含有因果连接词，具有较强的代表性。作者以汉语因果连词为关键词，在语料库中进行检索，分析其翻译特点，然后以英语因果连词为关键词，分析其在立法文本中的使用情况。

（三）定量分析与定性分析

定量分析是指对研究对象所含成分之间的定量关系或所具有的性质之间的定量关系进行分析，可以分析比较研究的某些性质、特征及其相互关系，也可以用数量来描述研究结果。定性分析是基于预测者的主观判断分析能力来推断事物的本质和发展趋势的一种分析方法。该方法能充分发挥管理者的经验和判断能力，但难以保证预测结果的准确性。

在我国，基于语料库的翻译研究尚处于起步阶段，实证研究较少。随着全球化的发展和各国间文化交流的日益频繁，有必要充分利用网络语料库中丰富的实例。学者和研究人员应结合定性和定量分析方法，进一步进行科学和客观的分析。

三、立法文本中因果关系连词的翻译分析

本章主要展示了作者如何从中国法律法规汉英平行语料库中获取所需的语料库数据，总结了译者在翻译立法文本中的各个逻辑连词时所采用的翻译技巧，最后以表格形式呈现出来。

（一）中文因果关系连词的翻译分析

作者搜索中文连词“因为”的翻译版本，共得到了8个搜索结

---

〔1〕 王克非：“中国英汉平行语料库的设计与研制”，载《中国外语（中英文版）》2012年第6期。

果。表 3 是搜索结果的分析汇总表：

表 3　中文连词“因为”翻译技巧对比表

<table>
<tr><td colspan="5">中文连词“因为”的翻译技巧</td></tr>
<tr><td></td><td>省略</td><td>介词/介词短语</td><td>连词</td><td>动词/动词短语</td></tr>
<tr><td rowspan="4">翻译版本</td><td rowspan="4">–</td><td>for（2）</td><td>because（1）</td><td rowspan="4">–</td></tr>
<tr><td>through（1）</td><td rowspan="3">–</td></tr>
<tr><td>for reason of（1）</td></tr>
<tr><td>due to（1）</td></tr>
<tr><td>数量</td><td>2</td><td>5</td><td>1</td><td></td></tr>
<tr><td>总数</td><td colspan="3">8</td><td></td></tr>
</table>

作者把中文连词“由于”作为关键字到输入到语料库中，选取其中的 50 个作为样本，对翻译现象进行了详细的研究。通过对所选词语翻译技巧的分析，对所选词语进行归纳如表 4 所示：

表 4　中文连词“由于”翻译技巧对比表

<table>
<tr><td colspan="5">中文连词“由于”的翻译技巧</td></tr>
<tr><td></td><td>省略</td><td>介词/介词短语</td><td>连词</td><td>动词/动词短语</td></tr>
<tr><td rowspan="11">翻译版本</td><td rowspan="11">–</td><td>due to（11）</td><td>because（3）</td><td>result from（7）</td></tr>
<tr><td>as a result of（5）</td><td>where（1）</td><td>caused by（4）</td></tr>
<tr><td>for（4）</td><td rowspan="9">–</td><td>arise（1）</td></tr>
<tr><td>because of（3）</td><td>be contributed to（1）</td></tr>
<tr><td>as（2）</td><td rowspan="7">–</td></tr>
<tr><td>on account of（1）</td></tr>
<tr><td>in the case of（1）</td></tr>
<tr><td>for the purpose of（1）</td></tr>
<tr><td>by（1）</td></tr>
<tr><td>owing to（1）</td></tr>
<tr><td>from（1）</td></tr>
</table>

续表

中文连词“由于”的翻译技巧				
数量	2	31	4	13
总数	50			

作者将中文连词“因”作为关键字得到了800多项结果。作者选取其中100个作为样本进行分析，结果如表5所示：

表5 中文连词“所以”翻译技巧对比表

中文连词“所以”的翻译技巧				
	省略	介词/介词短语	连词	动词/动词短语
翻译版本	-	due to（32）	because（1）	arise from（2）
		for（11）	-	arise（1）
		as a result of（8）		cause（6）
		because of（7）		caused by（2）
		by virtue of（2）		caused to（1）
		in the event of（2）		incur from（1）
		by（1）		result from（3）
		in the case of（1）		-
		in the case that（1）		
数量	18	65	1	16
	100			

作者将“所以”作为关键词输入到语料库中没有发现带有该连词的语料。由此可以看出，中文连词“所以”基本不会出现在中文立法文本中。

作者将“因此”输入到语料库中后得到43个结果，表6是翻译技巧的汇总：

表 6　中文连词“因此”翻译技巧对比表

中文连词“因此”的翻译技巧				
	省略	介词/介词短语	连词	动词/动词短语
翻译版本	10	as a result（6）	therefore（4）	be used as an excuse(1)
		due to（3）	–	caused by（2）
		from（1）		incurred by（4）
		on such ground（1）		incurred from（1）
		–		incurred of（3）
				result（1）
				result from（4）
				result in（2）
数量	10	11	4	18
总数	43			

当输入中文连词“否则”作为关键词时获得 9 个结果，表 7 是翻译技巧的总结：

表 7　中文连词“否则”翻译技巧对比表

中文连词“否则”的翻译技巧				
	省略	介词/介词短语	连词	动词/动词短语
翻译版本	4	or else	otherwise	–
		–		
数量	4	3	2	0
总数	9			

（二）英文因果连词翻译分析

以“since”为关键词输入语料库后，得到 24 个语料。作者发现，立法文本中“since”的翻译是相当特殊的。在该语料库中，只有两个例子表达因果关系，其他语料均表示时间。

作者将连词“because”作为关键词输入到语料库中，共得到46条数据，表8是翻译技巧归纳：

表8 英文连词“because”翻译技巧对比表

英文连词“because”的翻译技巧				
	省略	介词/介词短语	连词	动词/动词短语
翻译版本	11	因（28）	由于（1）	–
		由于（5）		
		因为（1）		
数量	11	34	1	0
总数	46			

作者在中国法律法规汉英平行语料库中输入“so”作为关键词，获得450个结果，其中一个被翻译为因果连接词。其他都被组成介词短语，如“so that”和“so as to”，或用作代词和副词。作者将“therefore”输入到语料库后，共得到13条语料。大部分采用了省略的翻译技巧，只有其中一个被翻译成介词“因”。

作者在语料库中输入“thus”作为关键词，得到183个条目，作者随机抽取其中50个作为样本，翻译技巧总结如表9所示：

表9 英文连词“thus”翻译技巧对比表

英文连词“thus”的翻译技巧				
	省略	介词/介词短语	连词	动词/动词短语
翻译版本	43	致使（4）	–	–
		导致（2）		
		从而（1）		

续表

英文连词“thus”的翻译技巧				
数量	43	7	0	0
总数	50			

作者输入“hence”作为关键词后，语料库中只显示了一条语料，译者用省略的方法翻译了连词“hence”。由于语料库中的样本非常罕见，因此我们可以发现，“hence”在立法文本中很少用作因果连词。

（三）小结

从以上数据归纳可以看出，中文连词“因为”可以被翻译成因果连词或者介词，在某些情况下也可以省略。译者在翻译中文连词“因”时，常常选用大量介词或介词短语。中文连词“因此”通常被翻译成动词或动词短语而不是介词。当译者在翻译“否则”时，他们通常会省略连词。通过对语料库数据的分析，作者发现，虽然“since”在英语中有表达原因的意思，但译者在立法文本中不会使用“since”来表达原因，“since”的使用大多是为了表达时间的概念。当译者使用“because”的时候，相对应的中文连词大部分情况是“因”。尽管连词“so”可以表达结果，但是译者一般在翻译时不会采用该连词。大多数与“thus”对应的中文立法文本都不采用任何连词。译者很少采用“therefore”和“hence”来表达结果。

四、立法文本中因果关系连词的翻译技巧

本章总结了立法文本中因果连词的翻译技巧，包括连词的使用频率、连词的显性和隐性、介词和动词的使用，以及译者选择相关翻译技巧的原因。

（一）连词的选择

作者通过在语料库中输入关键词，得出立法文本中因果连词的使用频率，并对各因果连词在立法文本中的翻译技术进行了总结。

本节主要总结立法文本中汉语连词和英语连词的使用频率。

表 10 中英文连词使用数量统计表

连词	因	由于	因此	否则	因为	所以
数量	800	142	43	9	8	0

连词	thus	because	therefore	hence	since	so
数量	183	46	13	1	0	0

从表 10 我们可以得出结论，中文连词“因”“由于”“因此”经常被用在中文立法文本中，英文连词“thus”“because”“therefore”经常被译者选用。作者也搜索到一些包含“since”以及“so”的语料，他们都没有被当作因果连词使用。

（二）连词翻译的隐性和显性

作者总结了因果连词的翻译技巧。作者发现译者在翻译因果连词时，经常使用省略的翻译技巧来翻译因果连词。下面的表格是译者在翻译法律文本中的因果逻辑连词时所使用的省略的总结。

表 11 中英文连词翻译显性与隐性使用统计表

连词	因为	因	由于	因此	否则
省略占比	20%	18%	4%	23%	44%

连词	because	thus	hence
省略占比	24%	86%	100%

通过分析表 10 和表 11，我们可以发现，英语中连词的使用明显多于汉语，这是由英汉两种语言特点的差异决定的。英语是一种形合语言，需要大量的连词来表达逻辑，而汉语作为意合语言，不需要那么多的逻辑连词来表达逻辑。连词显性的概念不难解释，即译者直接选择连词来表现翻译中的逻辑关系，读者可以通过连词来理解句子之间的逻辑关系。

（三）介词和动词的使用

根据搜索语料库的数据得出的结论，作者发现因果连词经常被翻译成介词或介词短语。译者经常使用介词或介词短语来表达因果关系，如“due to”“as a result”“for”等。介词的语义是指介词在句子结构中的语法意义，而不是词汇意义。英语介词的语义特征与汉语介词不同。汉语介词只能表达一种意思。然而，英语介词总是传递不止一个意思。例如，介词“for”可以表达原因或目的。

由于英汉两种语言的表达方式不同，译者不能机械地将原文的词性翻译成中文。名词不一定要翻译成名词，动词也不一定要翻译成动词。有时为了表达原文的内容，需要改变词性。通过对语料库的数据的分析，作者还发现，译者为了获得因果关系，往往会选择动词或动词短语。译者所使用的动词和动词短语有“arise”“arise from”“caused by”“result from”“incur from”等。

五、结语

本文以中国法律法规汉英平行语料库所获得的数据为研究对象，分析立法文本中因果连词的翻译规律，总结出在翻译立法文本中表达因果关系的逻辑连词时可以使用的翻译技巧。作者采用定性分析与定量分析相结合的研究方法，采用的理论是胡壮麟教授提出的“语篇的衔接与连贯”理论。

作者在分析译者的翻译技巧时，运用了胡壮麟所提出的隐性和显性的衔接概念来解释为什么省略连词也能使文本连贯。胡教授还认为，具有不同程度衔接的文本在词汇、语义等方面也会连贯一致。因此，要根据源语的语义表达程度来选择合适的连词。同时，胡壮麟教授还认为，汉语和英语都可以改变词性，不会导致基本意思的改变，而且文本仍然连贯。作者认为，立法文本中逻辑连词翻译的主要技巧包括通过数据对比总结连词的选择规律，衔接的隐性和显性，动词和介词的使用以及适当改变词性等。

教学探讨

法律翻译教学：以案例翻译为例

刘艳萍*

一、引言

随着“一带一路”建设的不断推进，中国与其他国家在政治、经济、文化等方面的多边交流与互动飙升，使得翻译成为最炙手可热的行业之一，法律翻译更是遇到了前所未有的良机。

法律翻译是指对立法、学术著作、公司业务、个人文件等的翻译，法律翻译服务于国家机关（如公检法、部委）、国内的高端企业、律所和公民个人，以及涉外组织、公司及个人。翻译活动除立法外，还涉及实务与学术，实务如外商投资、并购、合规、尽职调查、企业上市、知识产权等，偶尔也会涉及诉讼。日常中，格式法律文书的翻译，如合同、章程、证明、法规、公认证等，尤为常见。而学术目的的法律翻译包括学术著作、法律案例、法学评论等。目前，国内参与法律翻译的人员或来自于翻译公司、律所、高校，或为自由从业者，有全职翻译，也有兼职翻译和实习翻译。从事翻译的人员背景不一，专业的法律翻译人才尤为欠缺，最主要的是法律翻译的水平参差不齐，根本满足不了空前高涨的翻译需求。尤为令人担忧的是，法律翻译的环境处于一种混沌状态，具体体现为法律翻译标准缺失、监控失范、从事法律翻译的机构与个人鱼目混珠，这些是影响翻译质量的主要因素，也是目前亟待解决的问题之一。如图 1 所示。

---

* 刘艳萍，中国政法大学外国语学院教授。

法律翻译现状

从业人员	翻译活动	翻译内容
• 缺口大 • 背景不一 • 水平参差不齐	• 空前频繁 • 翻译标准缺失 • 翻译监控失范 • 翻译机构鱼目混珠	• 立法 • 学术著作 • 公司业务 • 个人文件

图1　法律翻译现状

二、法律翻译与案例教学

（一）法律翻译的社会价值需求与法律翻译现状

法律翻译质量受限的原因之一是法律翻译的专业性要求极高。法律翻译不仅要求具备扎实的英语翻译技能，还要求有一定的法律专业知识。有观点认为，就法律翻译而言，法律知识比英语基础更重要，如果无法形成法言法语，必不能传达法律语境下的信息，翻译的功能即失效，语言技能再好也于事无补。也有观点认为，法律翻译的落脚点还是翻译，法律专业知识仅是补充，教学范式必须围绕着如何提高并使学生掌握英语而展开[1]。如果语言的悟性不够、翻译技能不过关，专业知识再过硬，也不能成为合格的法律翻译者。两种观点各有一定的道理，而合格的法律翻译者，不能仅具备一方面的基本素质，必须是双管齐下，以扎实的语言翻译功底打基础，兼具必备的法律专业知识，二者缺一不可。此外，在人工智能飞速发展的当下，翻译员还应具备较强的使用辅助工具的能力。法律翻译教学异于传统翻译教学，法律翻译自身的特点和规律决定了

〔1〕参见傅敬民："法律英语教学若干问题的探讨"，载《上海政法学院学报》2006年第4期。

法律翻译教学的特殊性[1]。法律翻译教学与传统外语教学同中有异，异中有同，法律翻译教学的目的是培养学生在双语交际能力基础之上的法律相关的职业翻译技能，因而法律翻译教学应从职业需求出发，着重从语言能力、法律知识和翻译技能等三个方面加强培训，使学生能用目标语将源语传达的法律相关信息表达出来。

法律翻译教学应围绕特定的法律主题，其翻译既不能表达译者自己的想法，亦不能阐述或掺杂译者自己的观点，而是要忠实地传达源语的法律相关信息，“信”和“达”的要求明显高于“雅”。要做到用一种语言理解，用另一种不同的语言准确表达相同的法律信息，需要大量的翻译实践才能够实现，有目的、专业化的培训尤为重要。

之前，法律翻译教学的初级阶段，大多都基于传统理论的教学方法，即文学翻译的方法，注重理论，轻实践，课程构建存在缺陷。并且，由于跨学科，大多数外语出身的教师本身的法律专业素养不高，学生对法律制度差异及文化差异认识缺失，师与生的自身条件限制使得教与学都难有起色。近些年，各大著名院校纷纷开设法律翻译专业，制订专业教学大纲和教学计划，探索新的教学方法，根据市场需求培养人才。更可喜的是，越来越多的具有法律和外语双背景的教师的出现，辅助以先进的教学手段，充分利用互联网等社交平台，凭借数据库、AI 翻译、CAT 等辅助手段推动教学和实践，使得法律翻译呈现欣欣向荣的景象。其中，交互式教学应用到法律翻译中是一种有效的尝试。

（二）交互式翻译教学与法律案例翻译

交互式翻译教学的目的在于弥补传统翻译教学的不足，基于传统理论的翻译教学一直以教师为中心，对理论的关注度远远大于实

〔1〕参见张法连、叶盛楠：“法律翻译教学刍议”，载《中国翻译》2010 年第 3 期。

践，而交互式翻译教学则强调翻译教学环节中的受体的主体性和能动性，以师生就翻译文本的解读所进行的互动交流为中心，变教师主导为引导，旨在培养学生的翻译思维习惯和翻译技能意识，从而进一步提高翻译技能。

交互式翻译教学方式具有多维性与立体性，它不仅贯穿整个翻译的时间轴（翻译的前、中、后期），还是需求性的特定交互，亦可根据情形和环境进行多维互动。教师导入翻译任务，与学生通过互动，在任务设定、问题讨论、情景体验、经验分享、产生成果的过程中，教与学相互融合，最终达到教学目的。

交互式翻译教学方式的多维互动，应做到课堂与课外相呼应，个别与集体面授相结合，生生与师生之间互动相辅助，实践导师与校内导师相互补充，传统方式与基于互联网的模式相结合，充分利用网络论坛、博客和课程微信群等社交媒体与平台，延伸和拓展课堂教学，达到互动的多样化与全方位。图 2“交互式翻译技能培养框架”是以培养思维意识为最高目的，教师的引导作用是激发学生主导性和能动性的关键，在这一互动中，需求分析是必要条件，以需求为轴心，所设计的互动通过特定形式表达出来，贯穿整个过程中。

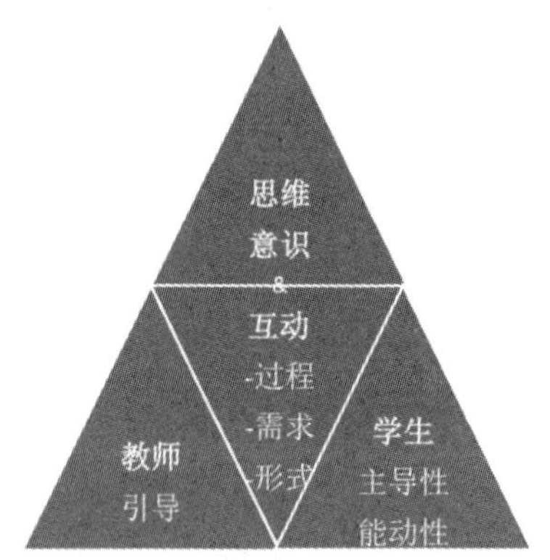

图 2　交互式翻译技能培养框架

十几年前，就有教师开始尝试交互式翻译教学的研究，伍小君（2007）、叶苗（2007）、贺莺（2007）、刘明悦（2011）王勍（2011）、彭志洪（2011）、万兆元（2012）、王丽（2015）等学者均曾就互动式翻译教学的目的、模式及途径等进行过研究和尝试。鉴于此，将交互式引入法律翻译的教学有一定的基础和经验借鉴，用于法律翻译教学，环境适应性更强，但难度更大，也更具挑战性，这与法律制度差异、法律语言的特殊性、译者的文化底蕴及对法律语言及翻译驾驭的能力等因素密不可分。

法律制度的不同，所涉及的概念可能千差万别，就世界上最主要的大陆法系和普通法系来说，有的法律概念截然不同，有的或有差异，有的吻合或部分吻合，不能一概而论，翻译中不能生搬硬套，亦不能想当然，对两种制度的了解是法律翻译的基础，由此才具备完成法律翻译任务的最基本要素之一。法律语言具有 7 种特性[1]，确切地说，法律语言具有精英性、异质性、权威性、强制性、严谨性、专业性和精确性，这些特质构成了法律语言的复杂性，而法律翻译的难度由于这些特质变得更加难以驾驭。译者的文化底蕴是影响法律翻译的又一要素。一个国家的法律制度与其政治、历史文化息息相关，充分了解法律制度建立在对其政治、历史、文化的了解之上，译者建立在对目标语和源语国家的充分了解的基础之上的文化底蕴，是做好法律翻译的前提。而译者对法律、语言与翻译的驾驭能力在一定程度上对高质量翻译也有至关重要的影响。

（三）案例翻译互动教学环节

本文拟以英美法律案例英译教学为例，展开讨论交互式翻译方法对法律翻译技能培养的重要性。英美法律案例英译作为法律翻译的一部分，对英美法律的了解和借鉴有其重要意义。作为翻译任务

---

〔1〕参见李奉栖："论法律翻译的特殊性"，载《语文学刊（外语教育教学）》2013 年第 1 期。

的法律案例，有其历史背景和事实背景，在特定的法律制度、文化和语言差异的前提下，翻译尤为困难，也足具法律翻译教学的代表性。

英美法律案例汉译，任务设定的学术目的很明确，因此，翻译过程中可排除翻译任务的目的多样性或受众水平的差异性的影响，严谨、准确和专业是最基本的要求，由此对案例的了解和精确解读是第一要素，并自始至终贯穿于整个翻译活动过程中。案例翻译互动流程见图 3。

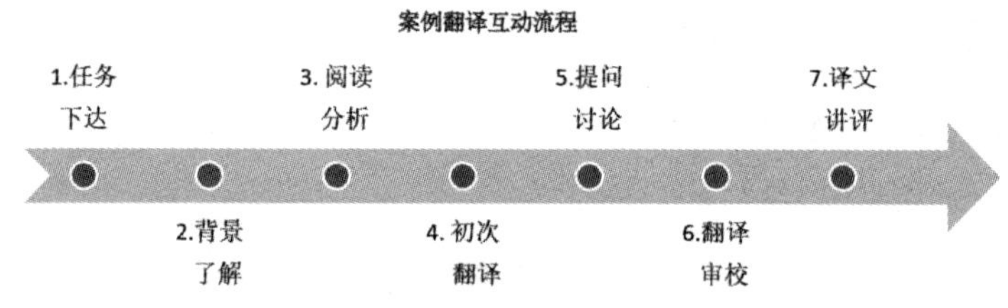

图 3　案例翻译互动流程

1. 任务下达：教师为教学目的所选择的翻译案例，应具代表性，或为经典案例，或为典型案例。经典案例影响法律进程，社会影响大，有助于了解案例涉及的法律背景和法律制度。而典型案例不仅有利于了解案例撰写格式，更便于了解部门法，这两种案例兼具历史和现实意义。此外，翻译案例的选择，还要考量语言及写作的规范性，以便在翻译时分析该类案例的典型表达、规范用语和写作风格等，掌握最基本的结构、表达式及语篇特点，最后做到熟能生巧[1]。法律翻译教学案例的选择，可考虑覆盖面，每个部门法选择一至两个案例，也可根据需求选择同一部门法的多部经典案例。了解美国的法律制度，教学中精选的案例可包括：*Marbury v. Madison*（司法审查案），*Brown v. Board of Education*（平等保护

---

[1] Deborah Cao.，“Teaching and learning legal translation”，*Semiotica*，Vol. 2014，No. 201.

案），*Roe v. Wade*（堕胎案），*New York Times Co. v. Sullivan*（新闻自由案），*United States v. Nixon*，*Lawrence v. Texas*（同性恋自由案），*Texas v. Johnson*（焚烧国旗案），*Sony Corp. of America v. Universal City Studios, Inc.*（版权案）、*Nix v. Hedden*（西红柿水果蔬菜之争案），*McCulloch v. Maryland*（联邦和州的关系案），*Miranda v. Arizona*（米兰达警告案）等。

2. 背景了解：每一案例的发生具有一定的历史、社会、政治、文化和法律背景，了解背景是案例理解的前提，是准确理解的基础。例如：美国著名的“三振出局法”（Three Strikes and You Are Out Law）采用了棒球术语，是一种严厉的打击累犯的刑事政策。美国联邦法律规定，犯两次重罪，第三次再犯时，将被处终身监禁，不得假释，该法规类似棒球比赛中的三振出局，所以一般将该法称为“三振出局法”。而各州对此规定不一，有的州要求第三次也为重罪，有的州则没有此要求，即，只要第三次犯罪，即便是轻罪，也一样判处长期或终身监禁。

3. 阅读分析：着手法律翻译前，应对目标案例进行详细阅读，充分理解。由此需掌握案例撰写的规范模式，掌握案例撰写者的写作风格，为翻译做好前期准备。美国法律案例系主审法官撰写，由七大要素构成：citation（引称），facts（事实），legal history（案件进程），question(s)（案件焦点），reasoning（推理），holding（裁决），rule of law（法律规则），有的还包括 opinion，例如：concurring（并存意见，指同意大多数法官的意见，但基于不同的理由），dissenting（反对意见，指不同意大多数法官的意见），以及 plurality opinion（简单多数的意见，通常为上诉法院的法官意见，虽没有构成多数人意见，但是票数最多的意见）等。特定的结构及典型的语言风格是法律案例的特色。例如：hold /holding 常常紧接法院判决的内容，例如：Accordingly we hold that an individual...must be clearly informed that he has the right to consult with a lawyer... *Miranda v.*

Arizona， 384 U. S. 436 (1966)。另外，美国法院通常旁征博引一些事实相同的案例阐述观点，因此在阅读时，要善于抓住提示性的标志或词，快速定位，迅速确定之前案例（通常伴有 citation to the case）是否赞同或反对某一观点。又如：法院还会大量引用，通常如果引用不超过 50 个词，可加双引号（“”），但如果引用超过 50 个单词，则不用引号，而采用段落缩进以及缩短行间距的方式。如此段落，即为引用，而非该案件法院的裁决。了解这些案例的写作风格，有利于深度理解该篇章，为准确翻译奠定基础。

4. 初次翻译：在熟悉背景、充分阅读理解案例的基础上进行初译。鉴于法律语言的特殊性，法律翻译需强调翻译的准确性、严谨性及专业性〔1〕。首先，准确性是法律翻译的最基本要求，严谨性是基本原则，专业性是基本标准。翻译过程中要有一定的忌讳：①忌生搬硬套，注意不同法律制度的差异，强行翻译会带来硬伤。②忌背道而驰，注意忠实原文的风格，避免与原文风格相悖。③忌互换概念，注意相同术语的翻译必须统一，避免引起混淆。④忌水土不服，注意两种语言间表达式的不同，避免生搬硬套。⑤忌望文生义，注意在篇章理解的基础上翻译，避免张冠李戴。

5. 提问讨论：在翻译的过程中，学生应记录下遇到的相关问题，包括背景知识、语言表达、逻辑关系等，可通过自主学习解决一般性问题，如遇难点，可在互动中解决。这一互动可分多次进行，由提出问题、讨论反思、得出结论、再问再议等多层次多环节组成，最后落实到翻译中。

6. 翻译审校：初译完成及讨论环节结束后，在对译文进行修改的基础上，应对译文进行校对，校对可通过自校、互校及小组和教师审校等环节完成。

7. 译文讲评：经过以上六个步骤完成翻译任务，教师应对该

---

〔1〕 参见陈杰、张崇波：“英汉法律翻译的语言特点及基本原则探析”，载《赤峰学院学报（汉文哲学社会科学版）》2014 年第 2 期。

翻译任务进行逐一审阅和典型例句讲评，通过比较、理论与实践结合、劣句解析及佳句欣赏等环节，进入互动的最后阶段，从而达到交互式法律翻译教学的最终目标，从法律翻译职业需求出发，依据学生中英交际能力，培养其法律翻译技能，达到语言知识、法律知识和翻译技能训练的完美结合。

（四）互动式法律翻译教与学，应注意的几点

“提问——→讨论——→练习——→精讲——→点评”是互动式教学的主干。互动式教学应强调“精”而非“量”，故而每学期选择几个案例即可，各环节应充分展开，精讲勤练，讲练结合，这是互动环节的核心。

采用“问题”集中型互动，即每次互动环节拟定一个中心，集中讨论，以便于集中和积累经验。

培养学生的主动积极的思维方式，授之以渔，将积极互动渗透到教学的各个环节。

充分利用网上资源和翻译工具，利用搜索引擎、机器翻译、在线/纸质字典、语料库及平行文本等，达到事半功倍、高专业化和高准确性。

积累并规范法律术语翻译，建立术语库，为可持续翻译奠定基础。

三、结语

法律语言的特殊性和法律翻译的困难性给法律翻译教学带来了巨大的挑战，面临法律翻译日益上升的需求，对法律翻译教与学的研究亟待提升。本文法律翻译教学的关键是搭建教与学的互动平台和模式，以案例翻译为例，通过对法律翻译潜在译者的语言技能基础、法律翻译能力和熟练程度的培养，达到满足市场需求的最终目标，希望本文的讨论能引起法律翻译教学的更多关注。

思维导图在交替传译工作记忆训练中的应用

吴康平*

一、引言

鲍刚将适合我国国情的口译标准概括为六个字："全面、准确、通畅。"[1] 其中，"全面"被作为第一标准，体现了口译中信息完整的重要性。而口译的即时性特点使得如何保持信息完整（对原语信息的记忆和储存）成为口译员普遍面临的难题。而在对翻译本科专业的学生培养中，记忆训练也自然成为口译技巧训练的一个重要环节。目前对口译记忆训练方法的研究不少，复述被作为一种常用的训练手段。然而，如何引导学生进行有效的复述？近几年，思维导图（mind map）作为一种思维工具已经被广泛应用于教学辅助，对该方法应用的研究也颇多。然而，用思维导图指导口译这一思维活动高度密集的工作，却鲜有研究。在"口译笔记策略认知分析"中，江晓梅运用思维导图的基本理念对口译笔记策略进行了认知分析。[2] 常博阳在"口译笔记的现状及在口译笔记中使用思维导图的可能性研究"也探索了在口译笔记中使用思维导图的可能性。[3]

---

* 吴康平，中国政法大学外国语学院讲师。

〔1〕 鲍刚：《口译理论概述》，中国对外翻译出版有限公司2011年版，第350页。

〔2〕 参见江晓梅："口译笔记策略认知分析"，载《湖北第二师范学院学报》2010年第6期。

〔3〕 参见常博阳："口译笔记的现状及在口译笔记中使用思维导图的可行性研究"，北京外国语大学2016年硕士学位论文。

那么，思维导图是否能应用于口译记忆的训练呢？作者通过文献搜索并未发现相关研究。本文将在厘清工作记忆与短时记忆的关系的基础上，提出在口译课堂的复述练习中引入思维导图，并结合组块策略，引导学生建立正确的口译思维和记忆习惯。

二、短时记忆与工作记忆

杨治良指出，认知心理学一般将记忆分为感觉记忆、短时记忆和长时记忆。[1] 他提出，“短时记忆对信息的保持时间约为一分钟，是信息从感觉记忆通往长时记忆的一个中间环节或过渡阶段。而长时记忆是相对于感觉记忆和短时记忆而言的，一般指信息储存时间在一分钟以上，最长可以保持终生的记忆”。[2] Daniel Gile 的精力模式将交替传译分为两个阶段，其中第一个阶段为：I（Interpreting）= L（Listening）+M（Short-term Memory）+N（Note-taking），这里的 M（记忆）被定义为 Short-term Memory（短时记忆）。[3]

但通过观察不难发现，在真实的交替传译中，译员通常需要应对几分钟甚至长达十几分钟不中断的讲话，且交替传译中，译员出于各种原因无法记录笔记的情况也不少见，这时译员不能只依靠传统意义上的短时记忆储存原语中大量需要理解和加工的信息。

工作记忆（working memory）是 Baddeley 和 Hitch 于 1974 年提出的一个概念，区别于传统意义上的被动的短时记忆，他们认为工作记忆是一种主动的记忆，可以对信息进行加工和存储。此后，Ericsson 和 Kintsch 又将长时工作记忆概念引入工作记忆研究领域，并指出，“工作记忆是认知加工过程中随信息的不断变化而形成的一种连续的工作状态，其中除了暂时存储信息的短时工作记忆

---

〔1〕 参见杨治良等编著：《记忆心理学》，华东师范大学出版社 1999 版。

〔2〕 杨治良等编著：《记忆心理学》，华东师范大学出版社 1999 版，第 43 页。

〔3〕 Daniel Gile, *Concepts and Models for Interpreter and Translator Training*, Amsterdam: John Benjamins Publishing Company, 1995.

（short-term working memory）外，还存在另外一种机制，即基于长时记忆的、操作者可以熟练使用的长时工作记忆（long-term working memory）。"[1] 因此，工作记忆完全可以被视为一种短时记忆和长时记忆互相结合、持续开展的一种记忆状态，用于完成人脑在一定的时间对某些信息的储存、处理和转化。

而口译中的记忆正是这样一种典型的工作记忆模式。在经过以语音听辨为主的感觉记忆后，译员将进入短时记忆的信息的语言形式进行加工，将大部分的语言形式遗弃或压制，同时将处理加工之后的原语意义结合长时记忆进行进一步处理加工、形成工作记忆下的长时记忆。而进行长时记忆的同时，短时记忆仍不断进行并进一步与长时记忆相结合，从而不断循环下去，形成了口译典型的工作记忆。

基于以上分析，笔者认为，对于口译中记忆的分析，应该采用“工作记忆”这一更完整的概念，而非机械地划分短时记忆和长时记忆。

三、本科口译课堂中的记忆训练

根据笔者十多年的口译教学经验，在本科口译课堂练习时，学生对于材料记忆最大的困扰是记录笔记时会影响听原语材料，记了笔记却没听懂原文，或记录了笔记却无法想起笔记所代表的信息。关键原因在于学生对于口译的正常记忆程序有所误解，根据 Daniel Gile 的交替传译精力模式，第一阶段为：I（Interpreting）=L（Listening）+M（Short-term Memory）+N（Note-taking），其中 Listening 为听辨，M 为短时记忆（本文解读为“工作记忆”），N 为笔记。[2] 而这三者之间的内在关系是什么？三种精力应该如何分配？

---

〔1〕 杨治良等编著：《记忆心理学》，华东师范大学出版社 1999 版，第 100 页。

〔2〕 Daniel Gile, *Concepts and Models for Interpreter and Translator Training*, Amsterdam: John Benjamins Publishing Company, 1995.

“根据语音学和心理语言学，人类对有声语言的任何理解都是从对语言的听觉分析开始的，这便是语音的加工阶段，即听辨。”[1] 然而，口译员对原语的听辨绝不能只停留在这一步，他们必须接着甚至是同时进行原语词义的理解、句面意思的理解、句深层意义的理解、语段整体意义的理解。而这个理解的过程对于译员来说相当重要，它包括自下而上和自上而下的信息加工，在这个过程中完成从听取语音信号到获取意义的任务。

结合认知心理学的分析，译员对语音的听辨主要通过瞬时记忆，而之后或同时进行的意义理解则与工作记忆（短时记忆和长时记忆的结合）相关。即译员对原文信息的加工处理后得到的意义信息和关键词语由工作记忆存储，反言之，长时记忆应该储存的是对原文信息加工处理后得到的意义信息。而且，通常信息加工越深入，记忆痕迹越深刻，记忆越牢固，记忆容量越大。这一点可以通过认知心理学解释，没有经过加工进入记忆的信息是零散、没有规律的语音或词汇或信息，而根据 Miller 关于短时记忆容量和组块的理论，正常人能记下 7+2 的内容，可以是 7+2 个数字、单词或者是句子或更大的信息。所谓组块，就是把若干小单位联合成大单位的信息加工，这样人们记下的可以是 7+2 个组块，而每个组块的信息可以增大，从而提高短时记忆的容量。[2]

所以，在口译的第一阶段，正确的过程应该是在语音听辨和瞬时记忆的基础上，对接收到的语音和词汇等信息进行意义加工，并将加工后的信息储存在工作记忆里。而笔记的作用，只是作为“路标”帮助译员在输出时回忆起原语的信息。无法正确理解这一过程的同学，会在语音听辨阶段结束后将未加工或加工不深入的信息存入工作记忆，并记入笔记，一方面，这些信息由于没有加工，无法牢固地记忆；另一方面，记录下的笔记也没有办法有效发挥“路

[1] 鲍刚：《口译理论概述》，中国对外翻译出版有限公司 2011 版，第 137 页。

[2] Miller GA., *Pscyol. Rev.*, 1956, 63: 81~97.

标”的作用，导致笔记无法识别。解决这一问题的关键是让学生注意，口译的工作记忆是建立在以意义为导向的信息加工的基础上的，而笔记起到的是辅助记忆的作用。

这种信息加工寻找原语意义的过程，就是还原作者思维路线图的过程。对于口译初学者，特别是对于大部分为合成性双语者的中国本科翻译专业的学生，过往的英语学习基本是建立在语法学习和词句对译学习的基础之上的，建立起正确的口译思维和记忆习惯尤其重要。否则学生就会出现前面提到的只听词不理解意思、只记词不记原语逻辑的问题，再加上笔记占用精力，整个听辨过程就会顾此失彼，筋疲力尽也无法记忆有效的信息。因而，笔者在本科口译课堂教学一直以无笔记的记忆练习为最先进行的训练，而贯穿这种记忆训练的就是引导学生寻找原语的思维线路。训练思维路线图的方式有多种，而最近被很多领域广泛使用的一种便是思维导图。

四、思维导图和组块理论

思维导图的创始人东尼·博赞（Tony Buzan）在其著作《思维导图》中提到：“进入你大脑的每一道信息——每一种感觉、记忆或者思想都可以作为一个中心球体表现出来，从这个中心球体可以放射出几个、几百、几千、几百万只钩子。”〔1〕博赞进一步提出了：“……就是从这种庞大的信息处理能力和学习能力当中，得出了放射性思维的概念，而思维导图就是其外部表现……思维导图总是从一个中心点开始的。每个词或者图像自身都成为一个子中心或者联想，整个合起来以一种无穷无尽的分支链的形式从中心向四周放射，或者归于一个共同的中心。”〔2〕

对于思维导图的作用，博赞提到：“思维导图帮助你在大脑存储能力和大脑存储效果之间做一个分别，思维导图会显示出存储能

〔1〕［英］东尼·博赞：《思维导图》，叶刚译，中信出版社 2009 年版，第 51 页。
〔2〕［英］东尼·博赞：《思维导图》，叶刚译，中信出版社 2009 年版，第 54 页。

力，也可以帮助你达到存储效果。有效地存储数据会使你的能力翻倍。”[1]

我们试看以下一段话：

例 1　In order to protect the health of our oceans, it is crucial for us to know their current state, and understand the impact that human activities and climate change are having on them.

如果不对信息进行深度加工，单纯地靠对单词句子的强记，学生容易出现的问题是记各个没有联系的字词，无法形成有效的逻辑。而联系和逻辑正是思维导图的强项。

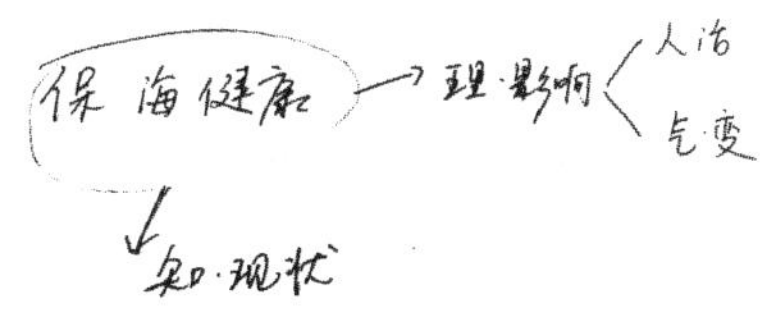

图 1　例 1 思维导图

在形成图 1 这样的思维导图后，学生就能对原语的信息和信息间的联系有全局性的把握。翻译出来的信息也会更有逻辑。

更长的语段也可以通过思维导图来记忆，如下文：

例 2　While China is not the first agrarian Asian country, of Confucian cultural heritage and low per capita income, to combine technology, modern managerial skill, and low-cost labor to form a new global economic power (Japan before World War II, and later South Korea, moved onto the rapid development path earlier), China's apparent mastery of many of the most difficult challenges associated with building of a modern industrial sector is a larger event in human history because of the immense size of the country's economy, its productive capacity, and its present and future market.

---

[1] [英] 东尼·博赞：《思维导图》，叶刚译，中信出版社 2009 年版，第 56 页。

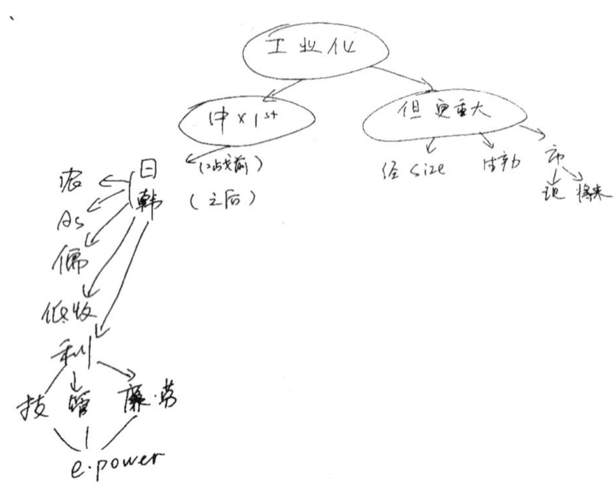

图 2　例 2 思维导图

如图 2 所示，首先引导学生回忆复述第一层信息，亦即全文的主题“工业化建设”；第二层为核心观点“虽然中国在这方面不是第一个，但是其所为具有更大的历史意义”；第三层为两个平行的信息，一方面是“中国之前还有哪些类似的国家”，另一方面是“为什么具有更大的历史意义”。如此可以剥丝抽茧似地持续分析下去，直到最后一层信息。通过这样的方式指导生进行回忆和复述，能够提醒学生关注原语的思维是如何展开的，让学生对原语有一个全局的把控，在此基础上再去记录信息点，而非一开始便努力回忆各种细节。而我们也看到对思维导图的利用也是建立在组块策略的基础上的。因为组块是一个动态的过程，小的信息点组成一个大的组块，而大的组块又可以组成更大的组块，而思维导图体现的是各层次组块之间的逻辑关系。例如，这里 while 引导的状语从句可以作为一整个组块进入短时记忆的记忆槽道，理解为“中国虽然不是第一个”，与另外一个组块（也是同一级的信息）主句“但是中国所做的事却具有更大的意义”形成让步的逻辑关系。而 while 引导的状语从句内部可以继续分组块，“中国不是第一个什么样的国家”

和“随后的日本、韩国”可以作为两个单独的组块，而关于中国是一个什么样的国家，有 4 个前置定语和 1 个后置定语可以分为 5 个组块。这样的组块可以不断进行下去，而让这些组块联系起来，形成网络状的正是思维导图。

利用思维导图引导学生进行记忆能够帮助学生有效地抓住原语的思维，而非原语的字词，在此基础上的翻译思路更清晰、更有条理，重点突出。

思维导图对于思维梳理能起到的作用很明显，然而该方法对于细节的把握可能不够全面。因而笔者认为，该方法适合在口译训练初期的记忆训练中结合组块策略使用。待学生建立起正确的思维习惯，能够迅速抓住原语的主线和逻辑之后，可以逐步转入笔记练习。关于口译笔记是否能够使用思维导图的模式，常博阳在“口译笔记的现状及在口译笔记中使用思维导图的可能性研究”进行了探索，笔者认为，由于思维导图对信息加工处理深入，细节往往有所忽略，且解读起来需要花的时间更多，不适宜作为笔记的记录方式。[1]

五、结语

记忆作为口译工作中重要的组成部分，需要通过专业化的培训，但这种训练不是盲目地练，应该是在科学的方法指导下的练习，以提高口译最终产出为目标的练习。口译教师应该在口译理论的指导下不断探索科学的记忆训练方法，从而有效地组织口译课堂并指导学生课外的练习，提高学生的口译记忆能力。

---

〔1〕 参见常博阳：“口译笔记的现状及在口译笔记中使用思维导图的可行性研究”，北京外国语大学 2016 年硕士学位论文。

专门用途语言教学与翻译

高　莉*

一、引言

在国际交流日益频繁的当代社会，对外合作，学习国外技术和先进经验，从事各种涉外事务的活动中，专门用途语言（以下简称专用语）发挥着越来越重要的作用。近年来，外语教学领域逐渐重视培养学生汲取和交流专业信息的专业外语技能，使学习者能用外语作为工具直接从事自己当下的专业学习、学术研究与职业实践。只有把基础外语教学扩展到适用于特定语言场合的专用语教学，才符合社会需求、国家战略发展需要以及学习者自身的学习需求[1]。目前国内高校的专用语教学以 ESP 为主要对象，如商务英语、科技英语、法律英语等；以专用语词汇、句法及语篇修辞等为教学内容，体现出以语言符号系统为导向的主要特色。以德国为代表的欧洲大陆专用语研究虽以德国及德语专用语为典范，但却致力于探索不同民族专用语的共性与特性，理论型色彩浓厚。20 世纪 50 年代至今，共经历了语言系统研究、语用交际研究及认知功能研究三个阶段。目前的趋势是综合各相关因素，围绕专业交际构建专用语多因素、多层面分析框架，即专用语作为语符系统、专业篇章作为交

* 高莉，中国政法大学外国语学院副教授。本文系北京市哲学社会科学基金项目“基于语料库的德汉立法语篇研究”（项目编号：16YYC039）的阶段性研究成果。

〔1〕 参见蔡基刚：“从统一性和规范性到个性化和多元化——大学英语教学发展30年回顾与展望”，载《中国大学教学》2009年第3期。文秋芳：“大学英语教学中通用英语与专用英语之争：问题与对策”，载《外语与外语教学》2014年第1期。

际单位、专用语的认知功能。从研究现状来看，人们对专用语的描写更为细致，认识不断深入。以法律德语课程为例，如何将专用语的研究成果适当地转化为专用语课堂的教学内容，提高教学的针对性和有效性，从而为专用语翻译奠定基础，是本文探讨的主要内容。

二、德国专用语研究概览

（一）专用语语法研究

20 世纪 50 年代至 20 世纪 70 年代，受当时结构主义语言学的影响，德国的专用语研究以语符系统为导向，侧重对专用语语法，包括词法和句法的描写。20 世纪 70 年代中期，Lothar Hoffmann 将专用语定义为“某个专业领域内从事活动的人们为了达到相互理解与沟通而使用的所有语言手段”〔1〕，并主张研究专用语各语言层面上的特征，即音素、语素、语法范畴、词汇、短语和句式。专业词汇承载了专业知识的概念内容，是最早被专用语研究者关注的对象，并长期占据了重要的地位。Wilfried Seibicke 指出：“专用语的特殊性主要体现在专业词汇上。”〔2〕 Helmut Müller Tochtermann 也认为：“专业语言首先是专业词汇，在特殊情况下，这些专业词汇需要结合或多或少广泛的、不可或缺的通用语一起被运用。”〔3〕 无论属于哪一个专业领域，专业词汇都具有一些区别于通用语词汇的典型特征，体现在词形和词义两个方面。

对词形的研究包括专业词汇的构词和曲折变化。前者主要运用构词法中的词汇切分、组合以及直接成分分析法，并主要依据量化

---

〔1〕 Lothar Hoffmann, *Kommunikationsmittel Fachsprache*, Akademie Verlag, 1985.

〔2〕 Wilfried Seibicke, “Fachsprache und Gemeinsprache”, *Muttersprache*, Vol. 1959, No. 69.

〔3〕 Heltmut Müller Tochtermann, “Struktur der deutschen Rechtssprache. Beobachtungen und Gedanken zum Thema Fachsprache und Gemeinsprache”, *Muttersprache*, Vol. 1959, No. 69.

的特征。专业词汇中，名词所占比例最大，其次是能够对名词进行修饰限定从而加以区分的形容词，出现频率比较低的词类是动词和副词[1]。因而早期对专业词汇词形的研究主要就是围绕着名词的各种构词法进行。这些构词法有效地满足了科技发展对新生事物不断增长的命名要求，是专用语的精确性在词形方面的体现。精确性在词义方面主要体现为语义的规定性特征，即利用各种下定义的方式确定专业词汇的内涵及外延。研究者主要运用了语义学中的语义场理论、义素分析法和认知心理学理论等来对专业词汇的语义和语义关系进行描述和解释，有序地厘清专业知识内容[2]。

专业句法的研究规模虽然比不上专业词汇的研究，但已有的研究成果，如句子类型、定语叠加、名词化现象和功能动词结构、复杂句结构等，依然能够显现出专业语言运用领域内的句法特点。德语专用语中，陈述句的使用比例要高于疑问句、命令句和感叹句，说明句子主要行使的是表达功能。复杂句中，最常出现的从句有条件从句，目的从句和连词 während 引导的比较从句，研究者认为，专用语的这种句式选择表明其相较于共同语而言，具有更高的精确性、逻辑性和信息密集性[3]。除了这些句型，专用语中大量的关系从句和各种定语，如形容词定语、分词定语、介词结构定语、二格定语、定语叠加等，均显示出专用语表述精确性的要求。而名词化现象和功能动词结构则因隐去动词的主语而具有匿名化、提高表述客观性的功能。

（二）专业篇章语用研究

20 世纪 80 年代以来，伴随着语言研究中语用认知转向以及篇章语言学的兴起，专业篇章开始进入人们的研究视野，并被视为专业交际的基本单位。研究人员逐渐从对单个专用语结构特征的经验

[1] Hand Rüdiger Fluck, *Fachsprachen: Einführung und Bibliographie*, UTB, 1996.

[2] Thorsten Roelcke, *Fachsprachen*, Erich Schmidt Verlag, 1999.

[3] Thorsten Roelcke, *Fachsprachen*, Erich Schmidt Verlag, 1999.

分析转为从广义上考虑专业交际中专业篇章的功能，秉承的是一种交际语用篇章观。在篇章层面描写专用语并没有否定对专用语语言系统描写的合理性，而是将观察的视角与范围扩大至语词和句式本身产出的条件和语境。Lothar Hoffmann 在 20 世纪 80 年代末期已不再对专用语，而是对专业篇章进行定义："专业篇章是人们在某一特定社会生产领域内进行语言交际活动所使用的工具和活动的结果，由一系列逻辑相关，语义和句法连贯的句子或等同于句子的语言单位组成。"[1]

专业篇章的概念要求对影响专业交际的各种因素进行尽可能详尽的描写，这些因素既包括语言内因素，如语音与文字、词汇、句法和篇章，也包括语言外因素，如地理空间、社会团体、人类活动领域和历史时期。结合语言内和语言外的各种因素可以对专业篇章进行类别描写，这种描写往往带有跨学科的特征。尤其在语言外这一层面上，专用语研究有必要与其他科学领域相结合。对于专业的定义，要借助各专业学科；对参与专业交际的人进行描写，要结合社会学和心理学。社会学因素包括交际双方的年龄和性别、社会地位差异、社会身份（同一专业领域内专业人士之间的交际、不同专业领域内专业人士之间的交际、专业人士与非专业人士之间的交际）、专业交际的公开程度、交际者的文化背景等。心理学因素包括语用者的认知能力、专业能力、专业语用能力、心理状态、交际动因与目的等。此外，交际学上考虑的因素，比如参与专业交际的人数、交际媒介（书面、口语、新媒体）、交际的空间和时间性（面对面的直接专业交际、借助于科学文献的间接专业交际）、交际主题的约束性（聊天与正式讨论的区别）同样能够对专业篇章语用产生影响[2]。

上述所有的因素分析促使专用语研究朝着综合型跨学科的方向

---

〔1〕 Lothar Hoffmann, *Vom Fachwort zum Fachtext*, Akademie Verlag, 1988.

〔2〕 Thorsten Roelcke, *Fachsprachen*, Erich Schmidt Verlag, 1999.

发展。相较于专用语的语法分析，多因素综合型分析的优势主要体现在两个方面：一是可以对专用语进行更为准确和细致的描写与解释；二是可以提高专用语研究成果的应用性，比如，为专用语语言规范和专用语语言教学提供指引。

（三）专用语认知功能研究

无论是专用语语法分析还是专业篇章语用分析，实际都包含有专用语的认知功能因素。前者比如将专用语视为一种功能变体或从功能语体学的角度看待专用语，后者比如顾及专业交际者的认知能力、交际动机和意图。20 世纪 90 年代以来，专用语研究兴起了认知功能模型，交际者的认知基础成为语言考察的出发点，语言的形式和功能被看成与交际者认知条件相关的因素。同时，这一时期的专用语同样带有跨学科的特色。Lothar Hoffmann 在 20 世纪 90 年代初将专业交际定义为“由外在和内在因素所促成，指向专业交际事件的认知系统和认知过程的外化和内化，从而导致专业人士认知系统的改变”[1]。专业语符系统和专业篇章表达与专业交际者的认知基础相符合，并且只能依据交际者的认知基础得以恰当地解释。

对专用语进行认知方面的研究，除了顾及人类认知基础和认知加工系统本身，研究者更为感兴趣的是哪些语言表达可能性能够反映并支持这样的认知结构和过程；认知能力的抽象性与具体性所反映出的知识的普遍性与特殊性；认识事物共性与差异时所体现出的整合型思维与分析型思维；知识的外化与内化，即知识的获得与传播等。总之，对专用语认知基础的研究基于语言与思维的不可分割性。另外，对专用语功能特征的探讨主要集中在专用语的精确性、可理解性和经济性三个方面。只不过，以不同的研究视角看待这些特征如何实现时，侧重点有所不同。

---

〔1〕 Lothar Hoffmann, “Fachwissen und Fachkommunikation. Zur Didaktik von Systematik und Linearität in den Fachsprachen”, in Theo Bungarten: *Fachsprachentheorie. Bd*1, Tostedt, 1993.

语法研究突出强调专业词汇语义的精确性，篇章语用研究强调专业篇章语内和语外环境的精确性，认知模型则侧重于与精确性特征对应的认知现象；可理解性指的是与接受者建立合适的关联，即专用语尽可能做到无误地传播专业知识。在语法研究看来，这种传播可以借由专业语言的某些特征得到保证。篇章语用认为，传播要依赖于专用语表达的语内和语外环境。认知模型将重点置于交际者的认知加工系统，从而认为没有所谓的抽象的可理解性，只有针对特定接受者的可理解性。与此相类似，专用语的经济性在语法研究中体现为词、句的结构特征，在篇章语用那里体现为篇章表达，认知模型则将其与认知结构和过程相对应。同样地，研究者认为，并不存在抽象意义上的语言经济性，只有针对特定语用者的经济性[1]。

三、对法律德语教学与翻译的启示

（一）法律德语的特点

如前所述，目前专用语的研究趋势在于建立多层面、多因素、综合型分析模式，一般以专业交际过程为背景，厘清专用语生产者、接受者、专业篇章及其语内和语外环境的各自特点及交互作用。尽管借助这一分析模式，人们能够对专用语进行更为细致的描写与分析，然而考虑的因素过多、过杂容易冲淡内容，分析失去重点，因而只能代表专用语的一般分析模式。在分析某一种具体的专用语时，应当根据专业特色和专业语用特色进行取舍，并有所侧重，才能使分析更加具有针对性和有效性。

从专用语的横向分布来看，法律德语（以立法德语为原型）是众多专用语中的一种，主要是法律交际领域内使用的语言。它具备一般专用语的共性特征，如精确性、经济性和可理解性，但也具有

〔1〕 Thorsten Roelcke, *Fachsprachen*, Erich Schmidt Verlag, 1999.

自己的特殊性。最大的特殊性莫过于法律对于社会生活的规范性及其本身的强制性和不可动摇的约束力。法律是统治者意志的体现，以语篇的形式（立法语篇）调整国家、团体、个人之间的各种法定关系和各种权利与义务，是机构性专业语篇的典型代表。Dietrich Busse 曾指出，立法语篇属于机构语篇，对其进行语言学分析必须考虑到，这种类型的语篇往往被融入多种社会活动中，考察其在社会活动中发挥作用的方式有助于揭示立法语篇运作的核心内容[1]。

法律交际领域中，法的编码活动体现为立法者依据一定的职权和程序，通过制定和公布法律实现了宣告言语行为，创造了机构性事实。这些事实被宣布为人们的行为准则，告知人们可以做什么、禁止做什么和必须做什么，对人们的行为进行规范和指引。法律是利益冲突的调整工具和判断标准，法应当在出现纠纷的情况下作出对争议双方都有效的判决。因而，在法的所有功能中，裁判纠纷功能长期以来处于重要地位。但法的这一功能并非自动具备，而是需要司法实践。通过国家强制力和执行法的机构组织如法院、检察院、行政管理部门以及法律从业人员如法官、律师、警察等，依职权运用一定的方法和程序，对违反法律规范的行为依法进行制裁，这构成立法语篇篇章理解活动的主要内容。由此，立法语篇存在的目的在于使用，即将法律规定与案件事实相结合，得出具有说服力和约束力的法律判决。

（二）法律德语教学

上述法律德语的特征表明，对法律德语的研究和教学应以篇章语用为导向，对其语法和认知功能的讨论都应在基于篇章的语用交际中来考察。与传统语篇语言学理论相比较，篇章语用学把篇章界定为人们在社会交往中进行的以语言为中心的符号活动，重视篇章的社会功能，关注篇章结构与使用者之间、篇章的生产与接受之间

---

〔1〕 Dietrich Busse, *Recht als Text. Linguistische Untersuchungen zur Arbeit mit Sprache in einer gesellschaftlichen Institution*, Akademie Verlag, 1992.

的动态关系。教学中，避免孤立地讲解法律词汇和句式特征，而是以法律语篇为教学材料，围绕法律德语交际特征、法律德语篇章特征、法律语篇功能特征三个大的教学目标，确定适合的教学内容，以下分别简要述之：

1. 法律德语交际特征。以法律德语交际特征为教学目标可以从三个分析维度确定教学内容，即法律专业交际场景、专业交际主体的特征、专业交际的认知基础。具体包括某一法律语篇属于何种法律交际类型，书面交际还是口头交际，交际媒介是什么，法律德语交际者的身份如何，属于专业内交际（专家与专家之间）还是专业外交际（专家与外行之间），交际双方具备怎样的法律专业能力及法律语用能力，基于该法律语篇的交际动因与目的是什么。介绍篇章语言学中“知识”“推理”的概念，并分析“法律知识”“法律推理”“篇章理解”的特殊性。以篇章理解为例，与理解文学或其他日常语篇内容不同，在自己所熟知的领域，法律人对于法律规范通常是熟稔于心的。在法律交际领域，他们的篇章理解不是阅读理解，而是一种活动，即将规范与事实相结合，得出外有强制力、内有说服力的判决结果，实现法律规范的功能与效力。

2. 法律德语语篇特征。以法律德语语篇特征为教学目标可以围绕法律语篇的宏观结构，衔接与连贯组织教学内容。法律语篇一般遵循约定俗成的固定格式，立法语篇作为一种程式化的语篇具有固定的宏观结构特征，法条是其基本的组成要素，可以看作微篇章。依据传统的语篇衔接概念，以法条为单位对其衔接手段进行考察，可以发现一些显著的特征：立法语篇使用的衔接手段种类比较单一，没有普通篇章丰富，而且分布不均匀。总体上最常用的衔接手段是篇章指示、连词和重复，省略和替换使用频率很低[1]。这体现的是以语言系统为导向的篇章连贯关系。法是一种实践智慧，

---

〔1〕 参见高莉：“篇章语言学理论视域下的法律语言可理解性研究”，载《西安外国语大学学报》2018 年第 1 期。

立法语篇目的接受者的语篇理解活动不仅包含法律解释，还包含行动，是一种借助于语篇、又超出语篇的实践活动，即作出判决言语行为，在实施判决言语行为的过程中，确定法律事实和寻找适用该事实的法条是法律人基于立法语篇从事的主要专业活动。而这一活动联结着两个世界：以生活事实为代表的日常真实的世界和以法律规范为内容的法律世界。适用于某个案件的法条总是不同的法条，案件使得原本并无关联的法条因为某个案件事实而聚合在一起，共同实现解决案件争议的功能，这是一种功能层面上的互文关系。这种互文关系总是随着新案件的出现而动态地生成，是一种以案件为导向的连贯关系。

3. 法律语篇功能分析。对法律语篇进行功能分析可以从词汇与句法的语用功能和法律言语行为入手。如同其他专用语，法律语言也需满足精确性、经济性和可理解性的特征，对法律词汇和句式特征的解释与学习应以功能为视角。法律词汇名词化特征，重复衔接手段的高频使用体现出法律语言精确性的要求；通过对语词下定义和赋予特定法律解释的方式，体现出法律语言语义的精确性要求。功能动词结构、大量使用定语修饰语、套叠的从句等则体现出法律语言经济性、信息密集的特征。对法律语言可理解性的评估，一方面要与精确性和经济性结合起来看，另一方面要引入认知心理因素，将法律语言的可理解性与具体的篇章接受者相关联。对法律言语行为的讨论可以从语言层面入手，在语篇中寻找法律言语行为指示项；也可以从事实层面入手，考察法律适用者在将法律文本转化为法律规范的过程中，具体实施了哪些行为。

（三）法律德语翻译

法律是中国了解世界、世界了解中国的重要组成部分。在国际贸易、科技与文化交流中法律翻译作用得到彰显。中国和德国多年以来在法律领域进行了富有成效的交流与合作，法律翻译是学习和借鉴对方在建设法治国家方面有益经验的必经之路。作为一种跨文化、跨语言、跨法系的交际行为，法律翻译历来被认为是对译者要求最为苛刻的一类翻译，因其结合了翻译学、语言学、比较法学、跨文化交际学等学科内容而具有明显的跨学科性[1]。然而，法律翻译终归是翻译，翻译的对象终究是语言（法律语言），语言能力才是这项交际行为的根本。如果没有足够优质的语言及相关能力的输入，就很难产出足够地道的语言输出。合格的法律翻译译者至少应当具备的语言基础有：源语的通用语基础知识、目的语的通用语基础知识、源语的法律专用语知识、译出语的法律专用语知识、相关领域内足够的法律专业知识和法律思维能力。

如前所述，依照目前的专用语研究成果，专业外语知识已不仅仅局限在相关专业词汇的表达，尽管专业词汇翻译因各种原因仍是专业翻译中重要的一环，比如，不同专用语中专业词汇的对等问题，翻译中存在术语不统一的现象，以及各个专用语专业词汇系统存在的差异等，对于专业翻译来讲都是值得注意的问题。但除此之外，专用语语法对等、专业语篇及专业文化对等的问题亦在专业翻译中愈加凸显。例如，不同语言的专用语语篇类型在微观及宏观结构层面上都有可能具有差别性特征，在语言的形式与功能对等上也略有不同。同时，各民族共同体的文化和世界观差异也会以一定的形式在其专用语交际中留下印记。所有这些因素都是法律翻译中值得注意的问题。

在德语专用语研究的理论指导下，法律德语翻译除了重视法律术语的翻译问题，还应逐步遵循“从全局到局部”的描述研究方法，将宏观层面的翻译目的和语篇功能与微观层面的句法结构和用词原则相结合，在由语用、语境和语篇模式所引发的思考的指引下，确定合适的翻译策略，保证翻译的高标准和高质量。

---

〔1〕 参见单宇、范武邱：“国内法律翻译研究图谱分析（1992—2016）——基于中国知网702篇研究文献的考量”，载《当代外语研究》2018年第4期。

四、结语

目前的专用语教学现状远落后于专用语的研究现状，我们应不断探索研究成果指导教学实践的路径和方法。上述教学内容虽是分开来阐述的，但实际上语法、语义、语用和认知因素是相互交织、不可分割的。针对某一具体教学内容，往往需要从某一方面出发，然后扩充至其他方面，才能够获得比较全面和客观的认识，加深学习者对专用语和法律专用语的认知。翻译就是语言转换，作为与翻译联系最为紧密的学科，语言学为翻译活动奠定理论基础，并指导翻译实践，二者相辅相成，密不可分。

法庭口译教学初探

戴嘉佳　果红叶*

一、引言

法庭口译作为高级口译的一种，在很多情况下都遵循口译的原则和方法，如要求动态对等，信息传递对等。因此，在法庭口译的教学中，也应注重口译基本功的培养，如听力、短期记忆、笔记法等，并应巩固此类口译基本素质，为进一步的法庭口译做铺垫。

法庭口译是一种专业口译，需要相关的专业背景知识。仲伟合曾对专业口译教学进行研究，并提出了一个专业译员所应具备的知识结构：KI=KL+EK+S（P+AP）。在公式中，KI=Knowledge Required for an Interpreter（译员应掌握的知识）；KL=Knowledge for Language（双语知识板块）；EK=Encyclopedia Knowledge（百科知识）；S（P+PA）=Professional Interpreting Skills and Artistic Presentation Skill（专业技能和艺术表现技能），他认为专业口译是一门技术，也是一门艺术，因此要注重专业口译的技能性、艺术性等方面的培养[2]。但是，法庭口译由于其特殊的场合以及参与人员，与普通口译（如会议口译）存在很大的差别。根据一项对会议口译人

---

* 戴嘉佳，北京外国语大学博士研究生，中国政法大学外国语学院讲师；果红叶，中国政法大学外国语学院硕士研究生。本文受中国政法大学科研创新项目资助（项目号：19ZFQ74001，项目名："法庭口译的制度建构及其理论展开"），受中央高校基本科研业务费转向资金资助。

〔2〕 参见仲伟合，"译员的知识结构与口译课程设置"，载《中国翻译》2003年第4期。

员的调查，总结如下几点法庭口译的特点：

1. 场合的特殊性：一般情况下，法庭口译没有独立且环境舒适的隔间。

2. 语言的不连贯性：由于庭审环境的特殊性，当事人可能会产生紧张、不确定等情况，导致语言吐字不清，缺少连贯性。

3. 体力要求高：庭审的进行有时需要很长时间，且一般情况下，口译员需要独自完成任务；同时，心理压力也较大。

4. 时间跨度大：法庭口译员的工作并不仅仅局限于法庭之上，在整个庭审的过程中可能都需要口译员的参与，且通常情况下，案情多发生于特殊的时间，随时可能需要口译员的到场。[1]

5. 保持中立性：法庭口译员不受聘于庭审当事人的任何一方，仅为法庭顺利进行服务，要不偏不倚，忠实翻译；避免同当事人有任何私下沟通和交流。

结合以上口译员提出的法庭口译特点，法庭口译实践往往是顺应庭审语境和庭审语言的特点，因此，依据译员角色的特点调整翻译策略，应为法庭口译教学时的着重点。

二、美国法庭口译项目和评估体系

美国作为文化的大熔炉，包容着上百种文化和语言。每种文化和语言都有其生存和使用的空间，都能够得到尊重并且受到相应的法律保护。在美国 55 个州中，西班牙裔、墨西哥裔和华裔人数多，所以美国高校翻译专业或者翻译培训项目以英/西、英/葡和英/汉居多。此外，美国各州有自己的培训项目和评估方法，联邦也有一个统一的标准，在此选取几个代表性项目，且这些项目都含有针对性的英/汉（普通话）法庭口译培训，寻找能够供中国高校法庭口译建设的参考之处。

〔1〕 参见董翔：“中国法庭口译现状分析及培训模式初探”，上海外国语大学 2007 年硕士学位论文。

（一）加利福尼亚大学继续教育学院（*Interpretation & Translation in UCLA Extension*）

该项目包含有汉语（普通话）和英语的法庭口译项目，还有西班牙语、韩语和英语的法庭口译项目。在项目安排中，该法庭口译员的培训分为四个学期：夏季学期、秋季学期、冬季学期和春季学期。

1. 在夏季学期开设的课程包括：

（1）《双语强化——汉/英》课程旨在提高双语学生在两种语言使用中的技巧并提高其应用的专业水平。在课上，学生独立学习课文，完成句型练习和提高表达水平精炼程度的训练活动，以期缩小双语之间的熟练程度差别。在课上的学习具体包括：英汉泛读；理解测试、写作训练以及口头汇报；在交流中发现文化差异；通过词根和词源的学习建立词汇库；基础英汉语法的训练；发现双语中出现的通病、伪同源词、习语俗语表达以及英汉中的地域性差异；横向思考；概念转换和平行表达模式等。

（2）《双语法庭口译口头训练测试》课程专门针对参加国家法庭口译测试的人。学生在课上将会接受三种口译模式的训练——同声传译、交互传译和视译。在每一种模式结束后都会有测试，并模仿国家考试，学生们可以得到表现反馈。

（3）《美国法律简介》课程主要为接下来的课程做铺垫，介绍一些法律概念和术语。学生将学习联邦体系和加利福尼亚体系下的刑事和民事法律基础，并涉及一些刑事和民事庭审程序方面的相关概念。

（4）《法庭口译实习》课程为学生提供了洛杉矶最高法院行政运行的系统性介绍，包括法庭运转和案件实际操作，并了解法庭审人员的职责，如法庭书记员或法警，以及法庭口译员的角色、责任和义务。

（5）实习课：包括在法庭上的观察和影子练习。学生将在法庭常规办公时间观察并做好记录和想法汇总，在最后一次课上提交。尽管学生不在法庭内进行口译，他们通过观察也能学到实际中的情况和行为标准。

2. 在秋季学期，开设两门课程：《汉英视译》和《汉英交互传译 I》。

《汉英视译》旨在为视译打好基础，所用材料主要是大量汉英法律程序的书面材料，学生将其口头译成目标语。此外，学生建立自己的术语单词表，并强调语域（正式程度不同）的影响。

《汉英交互传译 I》主要关注交传的基本模式及其在诉讼各阶段的应用，学习口译员在各阶段的职责及如何做口译准备。课程还涉及作证程序，包括证据是什么，其在庭审程序中的目的，以及为口译员带来的挑战与优势。

3. 在冬季学期，主要开设两门课程：《汉英同声传译 I》和《汉英交互传译 II》。

《汉英同声传译 I》课程将为学生介绍同传的基本技巧和原则，学生通过影子练习训练同传基本技巧及双重任务训练，比如，在口头重复说话人的话同时写下一些无关的内容。

《汉英交互传译 II》的重点是交传基本模式及其在诉讼各阶段的应用，老师将为学生提供解决证据难点的方法并指导学生何时从交传模式转换到同传模式，包括讲座、演示和大量的实践练习。

4. 在春季学期主要开设两门课程：《汉英同声传译 II》和《高级汉英法庭口译技巧》。

《汉英同声传译 II》将提高学生的传译速度和能力。学生将继续根据专门制作的法律相关内容的磁带进行练习。

《高级汉英法庭口译技巧》主要将全面提高学生口译的专业程度和熟练程度，强化巩固之前所学的知识。

该学习项目针对性较强，且对汉英两种语言的要求高，参加项目前都要接受语言测试[1]。

（二）波士顿大学职业教育中心（*Boston University Center for Professional Education*）

波士顿大学的口译项目也包含汉语（普通话），所以也可作为研究和参考对象。由于本文重点研究法庭口译教学，因此重点关注法庭口译项目。

法庭口译项目将使学生熟悉各种法庭和其他需要法律口译的场所。庭审的每一环节都受到不同的规则和词汇制约，也对口译员提出了新的要求。学生将学习法律口译职业道德，学习如何将正式规定和标准应用到具体的情景中。整个法律口译课程包括入学测验、5门必修课和选修实习。

首先，学生需要接受汉语的口译测试，主要考察英语和汉语的熟练使用程度，包括简答、阅读理解及面试。

其次是交流和笔译简介（汉语），旨在为学生打好语言基础，通过阅读、练习、研习交流以及讲座等“理论加实践”的模式，使学生意识到双语之间的差异，并学习如何理解和保留含义，如何用目标语创造高质量的语篇。在课程学习中，学生能发现自己的不足并做出调整，不断进步。最重要的是，该课程有助于为口译的学习打好基础。

接下来是口译Ⅰ（汉语），为之后大量的术语学习做准备。学生将重点进行口译基础的练习，主要的学习模式是角色扮演。除了口译三种模式—同传、交传和视译外，学生将会学习笔记法、记忆训练以及词汇表建立练习，建立属于自己的词汇表。

口译Ⅱ（汉语）课程将继续高强度的口译技巧训练，并且比口译Ⅰ难度更大。到这一阶段，学生能够处理更加复杂的主题和场

---

〔1〕 参见UCLA：“Frequently Asked Questions：Interpretation & Translation”，UCLA Extension，http：//humanities. uclaextension. edu/interpretation - translation/faq - intertranslation/，最后访问时间：2019年4月14日。

景。尽管口译Ⅱ的训练方法同口译Ⅰ大体一致，但对于熟练度、复杂性和速度都有更高的要求。

最后是法律口译（汉语）课，这门课程囊括了需要法律口译员的一系列场景，包括刑事法庭、作证等场景。对于这些场景，口译员应了解基础的法律程序和法律术语，因此，相关法律知识的学习是重点。此外，还要求学生严格遵守道德标准和职责范围。上课模式主要为讲座及主题讨论。

由此可见，汉英法庭口译在美国也有着一定的需求。美国的培养可能更注重目标语的培训，以及译员职业道德方面的讲解，同时有一定的参观实践机会。以上两所美国学校的法庭口译培训项目的课程设置值得我们参考，将在本文第五部分加以论述。

三、法庭口译课程设置及教学模式

（一）法庭口译目的

徐雪芳（2009）认为，法庭口译的目的是信息的传递，包括语言信息、文化信息和法律信息。因此，法庭口译往往涉及两种甚至多种法律体系的转换，很难找到相对应的法律概念，在翻译中注重法律概念的信息传达，不要求字字直译[1]。法庭用语也不同于普通用语，普通词汇在法律背景下有专业的特殊的意思，也要求译员注重平时积累。

（二）法庭口译课程的设置目的

吴伟平（2002）指出，法庭口译是“整个翻译界最难的一种工作”[2]，基于法律用语的专业性和复杂性以及不同法律体系之间的差异，法庭口译责任重大，对译员的心理也是一种挑战，如何在庭审过程中撇开自身道德、情感、同情心的影响来不偏不倚地翻译

---

〔1〕 参见徐雪芳：“法庭口译教学中的一点建议”，载《管理观察》2009 年第 28 期。

〔2〕 吴伟平：《语言与法律——司法领域的语言学研究》，上海外语教育出版社 2002 年版。

是一大挑战，需要时间的积累和丰富的实践经验。

因此，法庭口译人员需要具备娴熟的口译能力，对本族语和外语都要求较高的掌控能力；相关的法律背景知识不一定要达到专业人员水平，但应对程序法、法庭用语等有一定的理解[1]；有良好的心理素质和职业道德；具备一定的抗压能力和庭审控制能力等。为了以上能力的培养，法庭口译课程的设置也应将其视为教学目标，培养出“口译+法律”的复合型人才，以满足社会的需要。

同时，参考美国的法庭口译培养课程和模式，建议课程设置如下：

1. 口译基本技能的训练：此部分内容应从听力训练开始，进而进行记忆训练和笔记法的训练。之后可进行视译、交传和同传的学习。

2. 职业道德培训：此部分内容主要涉及在庭审过程中，某些词语的选择或者省略可能对案件的审理结果产生重大影响，在这种情况下如何做到客观公正，要求译员有着良好的职业道德，做法庭的“局外人”，服务于庭审过程，对其负责。

3. 泛读课程：可作为课下的阅读练习和作业，要求学生阅读法律案例、新闻报道等相关话题，从而积累相关知识，培养语感，随机应变。

4. 公共演讲技能：法庭口译不同于其他口译之处在于其发生的场合的特殊性，在这种严肃的场合下，有些译员由于紧张等情况可能说话缺少力度，因此对口译员的公共演讲技能的训练也十分重要。

5. 心理素质训练：“当事人在陈述案情时往往会带上主观感情色彩，译员在翻译时要注意保持客观。在遇到骇人听闻或让人同情的案件时，译员要学会控制自己的情绪，不要卷入其中，应保持中

[1] 参见程乐、章文君：“法律英语的语言特点及课程设计”，载《杭州商学院学报》2003 年第 3 期。

立，避免在翻译中随意渲染自己的情感或加入个人见解。”〔1〕 译员在面对一些突发情况时，应保持镇定冷静，在任何情况下保持中立性，避免受到主观情绪的影响。

6. 法律知识学习：该领域经常存在争议，译员掌握多少法律知识才合格，以及讲授以中国法律为主还是以英美法律为主。现实而言，发生在我国的涉外案件，依属地原则，我国可适用我国的法律加以管辖。因此，法庭口译员更多面对我国的法律法规和庭审程序，笔者建议在学习一些英美法律基础的同时，应注重中国法律的学习，尤其不能忽视程序性法律，将英语上的法律课与法律主题的英语课结合起来。

7. 模拟法庭：由于涉外案件的分布有其地域特点，某些地区很少涉及涉外案件的公开审理。因此，学生可以通过举办模拟法庭的方式，让同学们体验法庭口译的实战感觉。

8. 实践观摩：通过一些影像资料和实地观摩，学生可以更加直观地感受到法庭口译的行为标准，从而为自己以后的实战积累经验。同时还可以同法庭口译员进行交流，吸取经验。〔2〕

综上，根据仲伟合提出的口译员专业知识结构〔3〕，现试图提出法庭口译人员的专业结构为：

$$KCI\begin{cases}1.\ KL\\2.\ KoL\\3.\ S\ (P+PA)\\4.\ PQ\\5.\ OPQ\end{cases}$$

---

〔1〕 杜碧玉：“法庭翻译课程设置初探”，载《山东外语教学》2003 年第 1 期。

〔2〕 参见胡骑兵：“我国法庭英语口译人才培养的几点设想”，载《大江周刊·论坛》2010 年第 6 期。

〔3〕 参见胡骑兵：“我国法庭英语口译人才培养的几点设想”，载《大江周刊·论坛》2010 年第 6 期。

KCI = Knowledge Required for Court Interpreter

KL = Knowledge Required for Language

KoL = Knowledge of Law

S（P+PA）= Professional Interpreting Skills and Artistic Presentation Skill

PQ = Psychological Quality

OPQ：Other Professional Qualities

（三）法庭口译教学模式

“因为法律英语是应用型、功能型英语，所以在课堂上不能沿用传统的教学方法，即教师是教学的中心，教学内容是语法结构与词汇记忆，课堂活动主要是句型、语法练习”〔1〕。法庭口译属于法律英语教学的一部分，其课堂模式也应以学生为中心，老师在课堂中的角色多为监督者和指导者。老师可以甄选一些材料来供同学们学习，纠正常见错误，并让学生以法庭口译的标准互助检查录音。

四、结语

本文从法庭口译课程设置出发，在了解我国法庭口译现状以及高校相关课程开设情况的基础上，分析了我国规范以及开设法庭口译的必要性和迫切性，同时借鉴法庭口译发展较发达的美国经验，为我国高校所借鉴，总结出了我国高校法庭口译课程设置的内容以及教学模式，并且最后提出法庭口译员的要求：

KCI
- 1. KL
- 2. KoL
- 3. S（P+PA）
- 4. PQ
- 5. OPQ

但本文仍限于理论层面，未经实际应用的检验，所以在法庭口

〔1〕程乐、章文君：“法律英语的语言特点及课程设计”，载《杭州商学院学报》2003年第3期。

译课程开设的实践中，可根据学生意见和教学进度等情况做出积极的调整，以期填补我国法庭口译专业人员的空白，维护法律的权威，维护司法公正，维护当事人的合法权益。

法律翻译教学中的小组讨论法浅议

李昕*

一、引言

小组讨论法是大学教学中常见的教学策略，它是由“小组成员通过交流，发展理解、评价或决策，从而共同检查和解决一些问题”[1]；它是“用以交流事实、思想和建议的面对面教学形式，学习者用心思考讨论中的问题和勇于表达自己的观点时，能够在较高智力水平上介入学习”[2]。据此可见，小组讨论法有利于培养学生高阶认知能力和进行深层学习。同时，已有研究[3]证明：体现建构主义学习理论的小组讨论法能够在教学中活跃群体学习气氛、提高学生主动学习能力。小组讨论法也被认为非常适合人文社科课程的教学[4]。

作为一门人文社科课程的法律翻译，其教学旨在培养熟悉法律

---

* 李昕，中国政法大学外国语学院副教授。

〔1〕［瑞典］胡森、［德］波斯尔斯韦特主编：《教育大百科全书》，张斌贤等译，西南师范大学出版社、海南出版社2006年版。

〔2〕［美］莫里森等：《设计有效教学（第4版）》，严玉萍译，中国轻工业出版社2007年版。

〔3〕M. D. Gall, M. Gillet, “The discussion method in classroom teaching”, *Theory into Practice*, 1980 (19), pp. 98~103; J. A. Hollander, “Learning to discuss: strategies for improving the quality of class discussion”, *Teaching Sociology*, 2002 (3), pp. 317~327.

〔4〕参见［美］斯蒂芬·D. 布鲁克菲尔德、斯蒂芬·普瑞斯基尔：《讨论式教学法——实现民主课堂的方法与技巧》，罗静、褚保堂译，中国轻工业出版社2002年版，第59页。

文化与法律知识、掌握法律文本口笔译能力的跨学科实用型人才[1]。它的实用翻译教学性质特别强调学生在教学中的主体作用。但是，目前很多法律翻译的课堂教学仍然采用传统的讲授教学法，即由教师归纳讲解法律术语特点、词句法特点、文本特点和翻译技巧等，学生听课记笔记，课后完成翻译练习。这种教学模式并不能发挥学生的主动学习意识和发展高阶认知能力。法律翻译教学呼吁教学方法的改变与创新，从而“充分调动学生学习积极性，激发学生学习兴趣，最大程度引导学生了解并参与翻译实践过程”[2]。课程性质和教学目标决定了小组讨论法适用于该课程教学。同时，很多法律翻译课堂大班教学的现状使得小组讨论法成为提高学生教学参与性、教师及时评价与掌握学生学习情况的必然的教学选择。本文将结合教学方法文献分析和法律翻译教学示例，从小组讨论准备、小组讨论过程、小组讨论学习评价三方面进行探究。

二、探究法律翻译教学中的小组讨论法

（一）小组讨论准备

小组讨论法的教学设计是为了避免课堂讨论只是发生在少数学生身上，由教师主导或由学生自发形成若干讨论小组，并由一名或几名学生轮流主持本小组讨论、记录讨论结果、汇报讨论结果的一种合作式学习形式。小组讨论的物理环境建设是教师首先要考虑的：①分组策略将影响学生讨论的参与性。研究者布鲁克菲尔德[3]曾指出，人数过多的小组会使讨论不够充分，而小组人数过少则会影响讨论的质量和水平。一般来说，五六人的小组规模可以

---

〔1〕 参见张法连、叶盛楠：“法律翻译教学刍议”，载《中国翻译》2010 年第 3 期。

〔2〕 马庆林：“我国政法类院校高级法律翻译人才教育的现状与对策”，载《中国外语》2017 年第 4 期。

〔3〕 参见［美］斯蒂芬·D. 布鲁克菲尔德：《大学教师的技巧——论课堂教学中的方法、信任和回应》，周心红、洪宁译，浙江大学出版社 2005 年版。

保证在有限的课堂教学时间内，小组学生参与讨论的平等机会。②教学环境中的座位设计也将促进积极的小组讨论。普遍的看法是让学生围坐成圆形或 U 字形，这有利于小组讨论中学生充分交换意见，形成同伴学习的氛围。

小组讨论的学习准备是有效课堂讨论的前提。法律翻译与法律知识紧密相关，实用性文献又是翻译的主要对象，那么小组讨论之前，学生对相关法律知识的了解、对相关实用性文献的阅读成为学习准备的主要内容。学习准备中，学生对法律文本的语言特点具有感性认识，这将促进有效的课堂主题讨论。例如，教师希望学生主动构建起对“法律翻译具有语境性”这一特点的认识，那么在小组讨论前，由教师布置学生阅读美国几个州的法律文献，聚焦法律术语“circuit court”。有了这一学习准备，在小组讨论中，学生通过交换意见发现把它一律翻译为“巡回法庭”是不恰当的，进而构建起语言技能与法律文化之间的关系。这样，学生获得的深层学习效果远好于教师的讲授教学导向的浅层学习效果。

（二）小组讨论过程

小组如何讨论，主要取决于知识内容和教学目的。小组讨论法的主要研究者——美国学者 Gall[1] 根据主要教学目标的不同，把小组讨论细化为：①主题掌握式讨论，它的学习结果是学生掌握主题内容；②问题导向式讨论，鼓励学生表达观点，它的学习结果是学生对核心问题的态度发生变化；③解决问题式讨论，它的学习结果是学生形成问题解决方案，所以也被称为有成果的讨论；此外，还有活跃课堂气氛的小组讨论，但它并不带来学生知识学习、情感变化和解决问题这些学习结果。以下笔者将通过法律翻译教学示例浅议前三种小组讨论。

1. 主题掌握式的小组讨论，顾名思义是为了实现掌握课程主

---

〔1〕 M. D. Gall, M. Gillet, “The discussion method in classroom teaching”, *Theory into Practice*, 1980, p. 19.

题内容的教学目标而进行的小组讨论。在学生进行相关的学习准备后，为了让学生更好地掌握概念、定义等主题内容，教师主要通过提问方式开展小组讨论。这一讨论方法有效进行的关键是教师提问的质量。例如，教师可以通过一系列提问英语发展历史的方式来循序渐进地引出法律英语的形成历史，学生则通过小组讨论问题、形成讨论报告的模式，了解法律语言源自统治阶层，一开始就不是“自下而上”形成的，而是统治阶级为强化它的统治“自上而下”的产物；法语、拉丁语和法律英语之间存在历史必然联系；这样，学生通过小组讨论的方式逐渐构建起“法言法语”和日常语言的区别性特征，主题掌握得更加扎实；而这些特征在讲授法教学中则是直接由教师归纳出来的，学生的主动学习被教师传授所替代，学生对这一主题的掌握在讲授模式下仍处于浅层学习状态。

2. 问题导向式的小组讨论，重点在于学生就混淆问题表达观点，这一讨论方法会在某种程度上引起学生对某一混淆问题观点态度的变化。比如，很多法律翻译中的汉英互译并不存在对等性，学生需要改变对等性翻译的惯有思维。举例说明，“identity crime”和我国刑法中“身份犯罪”存在显著区别，前者指的是窃取他人身份信息用于欺诈、盗窃等犯罪行为，所以翻译为“身份信息犯罪”比较贴切；而后者指的是以行为人具有法律规定的某种特定身份作为犯罪构成必要条件的犯罪。束缚于中国文化的固有思维模式和理念去理解其他法律文化，用我们的中文法律术语去套搬英、美的法律术语，难免会在法律语言文化交际以及翻译过程中产生错位。再如，合同法与刑法在用词上也存在差别，“capital”一词在经济法或者合同法中表示“资本”，但在刑法中，“capital punishment”则是“判处死刑”；类似的，刑法中的“civil prisoner”指刑事案件中“普通犯人”，并不是“民事犯”。诸如上述这些关于法律翻译对等性问题的思考，特别适合问题导向式的小组讨论，它在某种程度上，比讲授法更有助于厘清学生的思考误区。

3. 解决问题式的小组讨论，即学生对于问题的解决，不同小组给出不同的方案，再进行比较，选择更好的方案，教师最后点评总结。比如，在对 WTO 法律文件进行翻译练习时，学生先分组翻译；翻译结果在课堂上进行张贴；各组学生分别浏览，与自己小组翻译进行比较；然后小组讨论出一个最好的翻译版本并陈明选择的理由，最后教师从法律术语、词法特点、句法特点、语言模糊性特点等法律翻译需要特别注意的要点出发进行反馈。这样，在解决问题式的小组讨论中，学生既能够更好地习得翻译理论和翻译技巧，也能通过这一小组讨论活动提高教学的参与性和学习热情。

（三）小组讨论学习评价

小组讨论的反馈和评价是讨论活动的重要环节。布鲁克菲尔德〔1〕认为积极的反馈和评价能够对学习起到最有意义的激励作用；罗曼〔2〕认为它是一种教学总结，也向学生表明教师认真听取了学生的发言，有利于降低学生的学习焦虑情绪，促进良好的师生关系的形成。小组讨论学习评价可以分为讨论主题反馈和讨论活动评价，前者是知识内容的点评；后者是学习活动的总结。

对于讨论主题的反馈，教师一般出于两种考虑：一是对已经充分完成的讨论进行总结；二是对仍需探究的问题，教师引导讨论朝着某个方向继续发展。例如：小组讨论主题为“法律翻译中法律概念的对等关系”，小组阅读材料、讨论后汇报了一些典型的语例，如学生质疑“正当防卫”和“self-defense”是否对等；那么，教师可以首先反馈“正当防卫”在中国法律中强调了法律的正当性，而“self-defense”强调个体自我防御，进而总结这一小组讨论主题：不同法律传统下的法律概念存在差异，在法律翻译中不能生搬

〔1〕 参见［美］斯蒂芬·D. 布鲁克菲尔德：《大学教师的技巧——论课堂教学中的方法、信任和回应》，周心红、洪宁译，浙江大学出版社 2005 年版。

〔2〕 参见［美］约瑟夫·罗曼：《掌握教学技巧（第 2 版）》，洪明译，浙江大学出版社 2006 年版。

硬套不同法律文化下的法律术语。再比如，小组通过讨论来评价不同学生的翻译，教师发现学生把“陪审员”简单翻译为“juror”，这时教师的反馈可以是抛出探究性的问题，让学生继续通过讨论“有罪”和“无罪”的发言权问题，来更好地理解英美法中“juror”的权利和中国法律文化下“陪审员”的权利的区别，而学生在教师反馈后发现“judicial assessor”的翻译更为贴切。

对于讨论活动的评价，教师可以结合客观评价和主观评价的方式。很多教师会采用学生课堂讨论评分制度来对课堂讨论的参与度进行客观评价，这一制度也能为学生明确小组讨论的学习行为指标，指导学生如何小组讨论，成为学生对参与小组讨论行为的自我评价和对小组其他成员评价的指标。比如，美国德克萨斯州教育机构就从学生小组讨论的参与程度、学习准备和学习态度三个方面对学生小组讨论进行分级，分为典范表现、有效表现、达标表现和不合格表现四种程度的标准化评价。主观评价可以采用学习日志的方式，即让学生自我汇报小组讨论的学习收获和对这种教学方法的期待，从而反馈学习效果。无论教师采用哪一种讨论活动的评价做法，初衷都是有效促进小组讨论，进而完成预期的教学目标。

三、结语

小组讨论法，作为一种师生和生生之间的共同学习方式，体现了学生主动学习的意识和行为，它在具有实用性特性的法律翻译教学中使用和完善，将有助于学生自身建构起法律翻译知识并付诸学习实践，实现深层学习，这既符合大学生认知能力发展的需求，也能促进生动、有效的课堂教学。

法律英语教学的问题与对策研究

于中华*

一、引言

2015年3月，国家发展改革委、外交部和商务部联合发布《推动共建丝绸之路经济带和21世纪海上丝绸之路的愿景与行动》，明确提出“一带一路”沿线国家的合作框架，国际化的“高端政策人才、复合技术人才、创新商贸人才、金融领军人才和人文交流人才”，成为时代背景下的急需人才。2016年12月30日国家司法部、外交部、商务部、国务院法制办公室发布的《关于发展涉外法律服务业的意见》指出，要培养一批高素质涉外法律服务人才，为“一带一路”等国家重大发展战略提供法律服务，为中国企业和公民“走出去”提供法律服务，为我国外交工作大局提供法律服务，为打击跨国犯罪和追逃追赃工作提供法律服务。在全球化时代背景下，国际化高端人才是“外语+法律+专业”的新型跨学科人才，不仅应精通相关专业领域知识，还应具备较强的外语语言运用能力、掌握涉外法律相关知识[1]。《国家中长期教育改革和发展规划纲要（2010—2020年）》提出，要“培养大批具有国际视野、通晓国际规则、能够参与国际事务和国际竞争的国际化人才”，对国际化人才应具备的外语语言应用能力、跨文化交际能力、涉外法

---

* 于中华，中国政法大学外国语学院讲师。

[1] 穆正礼、罗红玲、蓝玉茜等：“‘一带一路’背景下的人才需求及人才培养模式：基于中国-中东欧国家合作大数据的分析报告”，载《海外华文教育》2017年第7期。

律知识、法律意识及法律素养等提出了明确要求[1]。

法律英语是法律科学与英语语言学相互交叉的学科，主要是指以英语为共同语，在立法和司法活动中，律师、立法者、司法者、执法者及法学研究人员所使用的语言。“法律英语的导向在于从语言角度切入法律领域，利用语言在法律环境下达到交际的目的。它应当是英语语言在运用到法律过程中而发展起来的专供法律文化群体使用的言语范围、功能变体”，法律英语课程建设要兼顾法律和英语两个专业，要结合英语语言学科的相关理论[2]。

在我国，一般在高校二三年级开设法律英语课程，大多采用全英语授课方式。其教学目的在于让学生熟练、准确应用英语，完成相关法律事务工作。法律英语与普通英语不同，法律英语以专业知识为依托，因此属于“内容依托式教学”（CBI，ContentBased Instruction），即将外语教学构建于某个专业学科教学之上，教学内容以特定学科知识为核心，教学材料鲜活真实，以适应学生群体的特定需求[3]。法律英语的教学内容纷繁芜杂，涵盖英美法系的法律文化和法律体系，课程设置上又进一步分为精读（英美法律专业知识）、泛读（英美案例）、翻译（英汉法律互译）、写作（英美司法文书撰写）、听说（英美司法话语）等不同方面，专业性强，覆盖面广。英美法系为案例法，与我国的成文法有很大的区别，且其法律文化与法律制度与我国大相径庭。此外，法律英语语言本身专业性极强，专业术语多，且有大量的外来词汇和古英语，句式也多为长难句和复杂句。所有这一切都决定了法律英语教学的难度与挑战之大。法律英语本身是一种以语言输入和输出为具体操作环节的社

---

〔1〕 参见中国政法大学法律英语教学与测试研究中心课题组：《大学法律英语教学大纲》，外语教学与研究出版社 2014 年版。

〔2〕 黄辉辉：“基于国际化人才培养的法律英语通识课程群建设”，载《河南教育学院学报（哲学社会科学版）》2018 年第 4 期。

〔3〕 参见赵永平：“论法律英语教学的多模态性”，载《牡丹江教育学院学报》2017 年第 9 期。

会实践活动。现阶段在我国，除了高校法学专业开设法律英语课程以外，一些外语学院也为英语专业学生开设了法律英语课程[1]。主要是为了英语专业的学生在未来的工作中能够阅读法律条文，撰写、翻译法律文本。法律英语在我国处于蓬勃发展阶段，但由于对法律英语的认识不清、定性不到位，使其课程建设出现了一些问题，其课程建设需进一步完善。

二、法律英语教学存在的问题

（一）法律英语教学手段落后

法律英语属于一种非常专业性的英语，具备法律英语自己的特点。法律英语需要在长期的学习过程中养成一种专业性、严谨性的意识，表达与普通英语也不同。在众多的英语专业学习过程中，法律英语是十分特殊的，但是多数教师未能够认识到这一点，在教学内容上经常与普通英语混为一谈，教学方式传统、老旧，缺少严谨性、精确性、逻辑性。从目前对课程的教学方式来看，部分地方院校中开设法律英语课程的主要的教学方式仍然是以英汉互译为主。由于课程时间限制，教师往往只能简单介绍法律英语的概况，很难组织深层次的教学和实践。

（二）法律英语教学定位把握不准

法律英语课程教学的目的是目前地方院校法律英语课程任课教师倍感困惑的现实难题。地方普通高校法学专业涉外卓越法律人才培养的硬件、软件环境欠缺，学生很难获得优质的法律英语课程教学资源，互联网络平台又为学生的法律英语知识获取提供了便捷的条件，网络学习、碎片化学习已经成为高校大学生学习的重要方

---

〔1〕 参见张法连、张建科："法律英语学科发展规划研究"，载《中国 ESP 研究》2013 年第 1 期。

式[1]。网络时代带来的学习资源优势和碎片化学习之间的矛盾让学生感到困惑，互联网带来的高等教育技术的变革对于教师而言也是全新的事物，因此，在互联网资源泛滥的现实背景下，如何准确界定法律英语课程教学设计和目标实现的可能性，成为地方高等院校法学专业法律英语课程教学的重要难题。

三、法律英语教学提升对策

（一）树立科学的教学理念

教学不仅是艺术，也是科学；教学不仅要有科学的理念，而且要有科学的方法。OBE 教学理念是近年来高校人才培养和学科建设的重要理念。OBE 在国内被译为成果导向教育，最早出现于美国和澳大利亚基础教育改革过程中，已经被公认为追求卓越人才培养的有效方法。OBE 理论关注学生的学习成果和应用能力，将 OBE 理念引入卓越法律人才培养的法律英语课程教学，以涉外卓越法律人才法律实务需要的职业要求为目标，指引法律英语课程教学改革，是我国高等法学教育的重要人才培养理念的转变和人才培养模式的创新，是我国涉外卓越法律人才培养模式的重要探索。

OBE 理念下的法律英语课程教学改革是以成果导向教育理论为指引，将涉外卓越法律人才的现实需求和高校法学专业人才培养课程体系建构相结合，构建起以需求为导向的教学内容体系，以学生为中心的人才培养目标和课程教学定位[2]。

第一，坚持目标导向设计法律英语课程教学内容。法学专业法律英语课程教学改革将法律英语课程教学作为系统的课程体系，以不同的法律英语相关的理论课程和实践课程组成的课程群，包括法

---

〔1〕 参见张丽莹："信息化时代下大学英语多模态交互教学研究"，载《现代教育科学》2017年第5期。

〔2〕 参见孙有中："突出思辨能力培养，将英语专业教学改革引向深入"，载《中国外语》2011年第3期。

律英语口语、法律英语写作、法律英语阅读、法律英语文化等系列课程。

第二，OBE 理念的本质在于人才培养，强调学生的个性化需求。法律英语教学以涉外卓越法律人才培养为直接目标，选择法律英语课程的学生应该是具备较好英语的基础或者是暂时英语基础不是很好，但是确立了从事涉外法律实务作为自己的职业目标定位并为此不断努力的学生。法律英语作用一门应用语言学课，其对英语的语法要求不是太高，而更加侧重法律英语的实践应用技能培养。在互联网络迅猛发展的时代，法律英语教学必须激发学生的自主学习动机，充分发挥学校在人才培养过程中教育资源供给的积极作用，激发学生利用网络手段自主获取学习资源的主观能动性。

鉴于法律英语本身的应用特性，它在实际应用过程中需要具备较高的准确性和恰当性，因此，有必要从语言学的角度提升学生应用法律英语的综合能力，包括用词的精准性、对语言环境的判断、对语言交际目的的清楚认知等。这就需要在法律英语教学中引入评价理论。法律英语不同于一般日常语言，需要严格把控评价者的态度和立场，明确评价的不同来源和渠道。对于某些法律条款来说，不需要在语言中表现出明显的情感，例如，《中华人民共和国婚姻法》第 2 条规定：“实行婚姻自由、一夫一妻、男女平等的婚姻制度。保护妇女、儿童和老人的合法权益。实行计划生育。”在该陈述中，几乎看不出评价的痕迹。但是，某些法规又涉及评价因素，例如，“车库内严禁吸烟和使用明火，更不准使用电焊、气焊作业”，这里的“严”便涉及“级差”因素。因此，在法律英语教学中，需要引入英语评价理论，提升学生法律英语使用的精准度。

（二）实行多模态的教学模式

法律专业英语教学方法要及时跟进信息化法治社会建设的步伐。当前，法治社会的建构与信息化社会发展在很大程度上是同步进行的，法律英语课程体系只有充分运用信息化教学手段才能更好地培养学生适应信息化背景下依法治国的社会发展。信息化背景下，知识的获得途径呈现多元化趋势。传统的教学模式在传播知识这一功能中已丧失其优越性和独立性。法律英语作为法律科学与英语语言学之间的交叉学科，其内容具有一定的专业性，教学过程中诸多法律词汇及句型结构要求法律英语教学采用多角度、多模式的方法以促进知识的吸收与运用。

模态（modality）指人类通过各种感官与外部环境进行互动的方式。“多模态”就是将多个模态融为一体，通过运用两种及两种以上的符号、资源、手段、媒介等，作用于人的感知，从而达到与外部环境互动的目的〔1〕。语言是人们交流互动的主要方式，从而是最常见的模态。图像、影像、语音、动作、表情、手势、服饰、颜色等都可传递信息，具有交流意义的潜势，是典型意义上的模态。QQ、微信、微博等各种手段也可实现信息的交流与互动，因而也可称之为模态。只单独使用一种模态，便是单模态，而同时使用多种模态便是多模态。随着现代化技术的不断发展，人们的生活日益丰富，各种信息手段日新月异，现代社会愈发呈现多模态性。

随着现代教学手段的普及和现代化教育技术的不断发展，教学模式和教学理念也在发生着天翻地覆的变化。多媒体教学系统充分调用图像、音频、视频等资源以及 PPT、互联网、实验室等方式方法，实现课堂教学的多模态化。基于现代通信手段的电话教育、网络在线课程等早已普及，而“翻转课堂”“慕课”等现代教育理念更是把教学延伸到传统的教室之外，强调学生应用现代化教学手段特别是网络进行自主学习。因此，可以说，多模态性是现代教学的显著特性。在教学过程中，“多模态”能够充分调动学生的认知，增强学生对于知识的掌握和建构能力。法律英语教学中，我们要调用各种模态，充分利用各种模态的特点，发挥不同模态的协同作

---

〔1〕 参见朱文雁：“从‘全知’到‘聚焦’：法律英语课程体系改革的思路”，载《山东师范大学学报（人文社会科学版）》2018 年第 4 期。

用。教师在教学过程中，在介绍案例时，可以通过视频、文字、图片，将学生对于案例的了解和认知具体化。在介绍法条时，可以将法条形成图片，并结合相关案例，让学生进行自我发现式学习。多模态的学习离不开信息技术的支持。教师可以通过微课的形式来进行教学。微观课程是指信息技术的运用，并根据认知规律，提出和扩展学习内容。微型课程的核心内容是包含教学知识点的课堂教学视频，以及与教学主体相关的辅助性教学资源。教师将所要讲授的重点、难点通过十分钟左右的视频总结传达给学生。传统课堂上单纯的讲授，对于知识点的记忆来说，效果甚微。通过视频、声音、图片、文字，将学生的注意力集中在十分钟之内，课前准备可以增强学生的记忆能力。

具体的实施过程包括三个部分：课前准备，课堂教学，课后拓展。

第一，课前准备。强调课前学习与如今“翻转课堂”的教育理念完全契合。教师可利用互联网平台，充分挖掘不同模态的学习资源，提前布置学习任务，提供相应的多模态学习资料。学生通过自主学习，初步掌握课堂教学的既定内容，为正式的课堂教学做充分准备。就法律英语而言，学生既要学习法学知识，还需掌握语言表达，加之英美法系引用大量案例的特点，使得这种课前准备显得格外重要。

第二，课堂教学。教师要利用一切可利用的模态，充分发挥不同模态的优势以及不同模态的协同强化作用，增加学生对教学内容的感知和内化，提高教学效率。讲解经典案例时，可以查找相关案例主审法官和当事人的一些文字和图片信息，也可设法找寻与此相关的音频或视频片段。

第三，课后拓展。课后拓展活动也应充分考虑多模态性，尽量安排多模态任务，充分发挥多模态的协同强化作用，促进学生对所学知识的内化吸收。教师可按照上课内容推荐阅读相关的书籍或案例，或是观看相应的律政影视剧，并要求完成相应的读书报告或观后感。教师可以将学生分组，就教学内容的某一核心概念或命题布置小组任务，让每个小组课后去查阅相关资料，进行小组讨论。

四、结论

法律英语相较于普通英语在内容上更加具有专业性、严谨性和事实性。法律英语更为适合经济全球化的发展，相关人才的培养也迫在眉睫。现阶段，高校法律英语教学普遍存在教学定位把握不准、教学手段落后的现象。针对这一现象，法律英语教学应引进科学的教学理念，运用多模态的教学模式，在信息技术的支持下激发学生的学习兴趣，提升教学效果，为国际贸易和国际私法领域的交流与发展创造良好条件，培养优秀的专业复合型人才。

CBI 教学理论下案例教学法在法律英语教学的应用

陈彦儒*

一、引言

近年来，大批高校相继开设法律英语课程，法律英语作为一门新兴学科，其教学受到了巨大的挑战。由于法律英语本身的特殊性，作为一门交叉学科，单义性法律术语晦涩难懂、频繁使用长句和复杂句、借用大量古英语及外来词汇等特点无疑给法律英语的学习带来了很大的困难。在全球化背景下，随着“一带一路”建设的不断推进，中国与世界各国的交流合作日益增多，对具有国际视野、熟识国际规则、能够参与国际法律事务和国际竞争的涉外法律人才的需求不断加大。这种涉外法律人才的高度需求必然需要法律英语教学模式的改革和创新。CBI（content-based instruction）即内容依托教学理论在社会对复合型人才和应用型人才高度需求的背景下得到广泛推崇和贯彻实行。

“内容依托式”教学（CBI）是指以非语言的其他学科内容或某个主题为依托，将语言教学与学科内容相结合的一种学习第二语言的教学模式。这一模式把语言的学习与学科知识的学习紧密结合，把语言教学建立在某一个学科或某一种主题内容的课堂教学之上，在提高学生学科知识和认知能力的基础上，促进其语言水平的

* 陈彦儒，中国政法大学外国语学院硕士研究生。

不断提高和知识结构的不断更新、完善。这种教学方法是倡导通过学习主题内容，而不是单纯地学习语言，以获得一定的语言能力，它的核心理念是将某种专业知识引入学习内容以学习语言并强化专业能力，通过将语言与内容相结合增强教学效果。1989 年，布林顿提出以内容为依托主要包括以下五个基本原理：①语言学习应和语言的使用相结合；②语言教学中学科内容的引入有利于激发语言学习动力，提高学习效率；③语言教学将学习者的语言能力与其学习经历、专业知识及学习环境相组合才更有效；④语言教学应强调语言在特定场合的实际使用，不能仅限于句子的用法；⑤在理解学科内容的过程中，学习者的语言技能和认知技能都将得到提高。近年来，内容依托式教学法在 ESP（专门用途语言，如法律英语）中得到广泛应用，尤其是基于内容依托式教学法理论衍生的案例教学法，成为法律英语教学中的常用教学方法。[1] 但基于 CBI 教学理论的案例教学法在法律英语教学中的应用仍是空白，因此，本文以案例教学法为例对内容依托式教学在法律英语教学中的应用加以分析。

二、案例教学法的概念及特点

案例教学法（Case Method）又被称为“苏格拉底式教学法”（Socratic Method），是一种以案例为基础的教学法，即教师根据教学目标和内容的需要，通过对一个具体情景的描述，引导学生对这些特殊情景进行学习、研究、分析讨论的一种教学方法。这种教学方法由哈佛法学院前院长克里斯托弗·哥伦布·郎得尔（Christopher Columbus Langdell）于 1870 年前后提出，并最早使用于哈佛大学的法学教育之中。尤其是在英美等判例法系国家，学生主要通过阅读根据上诉法院裁决编写的案例教科书来学习法律并加以应用。

〔1〕 参见袁平华、俞理明：“以内容为依托的大学外语教学模式研究”，载《外语教学与研究》2008 年第 1 期。

案例教学法主要采用对话式、讨论式、启发式的教育方法，通过向学生提问，不断揭露对方回答问题中的矛盾，引导学生总结出一般性的结论，对于培养学生独立思考、怀疑和批判精神起到十分重要的作用。[1]

案例教学法是以实际案例的分析作为教学内容，以学习者为导向，帮助学生在阅读中将理论知识与实践相结合，培养学生发现问题、分析问题、解决问题的能力。相比传统教学方法，案例教学法更加重视学生参与的过程。其次，案例教学法促进了教学改革的深入开展，真正在课堂中实现了将理论与实践紧密结合的教学目标。由于法律英语的跨学科性，在法律英语授课中，除了要关注法学相关理论外，还要注重学习它的语言特点。大量复杂的逻辑关系及法律术语、长难句的结合成为学生理解法律文本的主要障碍。在案例教学过程中，学生自主阅读大量法律英语文本不仅是提升阅读能力和速度的有效手段，同时也能通过案例阅读熟悉掌握法律英语本身独具特色的词汇、句法、结构模式和文体风格。同时，案例阅读过程中，学生在对案例进行分析、研究和讨论的同时，能够内化和巩固所学知识。这种教学模式强调学生是学习过程的主体，打破了“填鸭式”传统教学模式，强调学生自主思考，注意在学习过程中发挥学生的主动性和积极性，培养思辨能力，实施后效果显著。

三、案例教学法在法律英语教学中的应用

法律英语案例教学以英美法国家的法院意见书为阅读材料，法院意见书是法官或法院在审理案件后宣布决定所作的陈述，包括事实摘要、适用法律以及它与案件事实的关系，判决的理由和判决结果；通常以书面形式呈现，但偶尔也会提出口头意见（本文中所提到的书面意见仅限书面意见书）。在普通法体系中，法院意见构成

---

〔1〕 参见苏世芬：“国际化背景下中国法律英语教育之改革”，载《青海社会科学》2007 年第 1 期。

了解决所有争议的法律。

法律英语案例阅读采取的一般方法是依照判决书结构的五个要素，即事实（facts）、争论问题（issues）、相关法律（rules）、论证（arguments）及结论（conclusion），首先确定当事人及关系，分析意见书结构，找出以上五部分内容。然后研究案件段落衔接和说理过程，找出其中的逻辑关系，并在此基础上学习主要词汇，重点句子和特殊语法现象，分析语篇特点，进行写作和说理技能训练。学生学习法律英语、法律和法律原则，不是通过死记硬背具体的字词或法律条文，而是通过学习、研究大量的案例来掌握术语的内涵、法律的精神和基本原则。法律英语案例教学应把握好以下几个关键步骤：

（一）建立学习小组

案例教学法要求教师在课程教学开始之前给学生布置详细的案例阅读任务，通过案例引出教学目标，实现教学目的。不同学生的能力不同，对于案例的分析程度和方向亦存在差异。因此，教师应当了解学生的理论知识水平，从学生的实际情况及特点出发，将学生分为几个协作小组。要保证各个协作小组之间的综合水平大体平衡，同时要保证小组成员在专业水平基础、学习风格等方面的差异性，以便形成可以相互比较的小组联合体。[1] 同时也能提高学生竞争意识，进一步加强学习主观能动性，既能使能力较强、专业水平较高的学生进一步强化和巩固所学的知识，又可促进能力较弱的学生通过协作得到及时的辅导和帮助，提高学习效率，以达到共同提高的目的。通常情况下，每个小组协作人数不超过6人。

（二）课前自主学习

法律案例阅读应关注法律知识和英语语言两个方面。首先，让学生在课前通读法院意见书，明确双方当事人，找出案件事实、争

---

〔1〕参见王青梅："法律英语教学模式的探索——以案例教学法为例"，载《宁波大学学报（教育科学版）》2003年第5期。

议焦点、适用的法律、说理和法庭的判决等基本内容；然后要求挖掘案例中涉及的法律知识，学习相关法律术语与法律条文，鼓励学生充分利用网络等资源，探寻案例的背景，收集相关知识材料，包括视频材料，并将资料进行整理。最后在组内展开讨论，将有争议的问题和观点带上课堂。学生通过组内研究，在更好地掌握知识内容的同时，认识到合作的重要意义。此外，教师在进行课前准备时应注意对案例的把握，挑选出更具代表性的与课程相对应的案例作为研究对象，保证案例的客观性、真实性及多样性。

（三）课上讨论和引导

课堂上教师可以以“问答式”和“讨论式”方法对学生的课前准备情况进行检查，讲解案例相关法理和法律条文，并结合当前政策及社会现状、社会热点等问题对案例中涉及的法律法规和习惯等进行解读，与学生共同对案例进行深入讨论。这样一方面可以了解学生对案件的掌握情况，找到学生普遍出现的问题点，教师得以及时根据学生的问题对课堂进度及教学内容做出调整，并在接下来的教学计划中重点突破训练学生的薄弱点；另一方面，可以帮助学生明确自身及小组协作时存在的漏洞，引发思考，之后再次对未掌握的知识内容在课堂上进行讨论。这样可使学生深入学习，掌握案例中蕴含的全部知识，真正实现发现问题、分析问题、解决问题的教学目标。同时，教师还应就案例中的法律语言进行说明和分析，对案例中涉及的法律术语进行总结积累，帮助学生熟悉法律英语的语言习惯和表达方式。鼓励学生活学活用法律语言，使他们从“听众”变为积极的探究者、参与者、讨论者。[1] 实践证明，案例教学法是培养学生思辨能力、法律语言习得和法律知识获取的十分有效的方法。

---

〔1〕 参见王蕊：“CBI 教学法及其在高校英语教学中的应用”，载《教育探索》2012 年第 5 期。

（四）总结评价

总结评价是一个重要的教学过程，教师应当及时对学习小组的学习过程和学习结果进行科学合理的评价，主要包括：①学习过程评价。注重考查学生们在小组合作中的分工、合作方式、参与度、积极性、情感态度等综合表现情况，对学生们讨论学习的成果予以适当的肯定，针对其中的不足之处给出指导建议，充分激发学生们的合作热情与创造积极性。②学习结果评价。通过课堂提问和讨论，让学生从主观意识上认识到自身的不足，并通过小组间交流评价，使被评价者得到鼓励，使其发挥最大的创造潜能和合作积极性。

（五）拓展阅读

法律案例资源丰富，法院意见书是理想的阅读材料，应该充分利用。教师可以有针对性地鼓励学生进行拓展学习，教他们如何充分利用网上资源，根据所授教材单元内容，查找更多相关经典案例及法学论文或法律法规。例如，当课上讨论美国司法审查制度时，可以让学生对马伯里诉麦迪逊案（*Marbury v. Madison*）进行检索及预习。根据不同的课程查找相对应的案例作为拓展阅读资料，从而扩大学生法律知识的学习和法律英语习得的范围。

四、案例教学法应注意的问题

（一）案例的选取

选取适合教材内容的经典案例是进行案例教学的基本条件，案例的选取应坚持代表性、文化性等特点。代表性是指具有典范性、权威性且经久不衰的典型案例。譬如，米兰达诉亚利桑那州（*Miranda v. Arizona*）后，美国最高法院将默示沉默权更改为明示沉默权，使这项权利进行了升格；1800年美国大选中引发的“马伯里诉麦迪逊一案”开辟了美国联邦最高法院的司法审查权抗衡国会立法权的先河，使美国联邦最高法院拥有了宪法的最终解释权等。文化是区别于政治、经济等社会现象的人类精神活动及其产品，中西方的一些经典案例里往往蕴含了丰富的社会人文背景，譬如，1994 年发生在美国的辛普森（O. J. Simpson）杀妻案成为当时轰动全美的法律事件，此案也蕴含了美国“疑罪从无”的法律文化。通过案例学习，学生可以找到大陆法系和英美法系的异同，并通过对两国法律体系差异的研究，对中国司法制度进行完善和创新。同时，案例的选择一定程度上影响学生对相应法律法规的认知和理解，有些案例由于篇幅过长或者语言难度大大超出学生的英语阅读水平，因而导致学生失去阅读兴趣，因此，教师应对教学案例的选择进行系统的评估，根据学生们的英语水平、认知能力和兴趣，选择难度相当、内容适合的案例。

（二）小组合作机制

案例教学法应与协作小组模式教学相互配合，在学习法律英语的同时，提升学生的团队协作能力和沟通能力。在创立协作小组时，应首先注意要进行科学分组。依据班级学情，让学生组成 4~6 人合作学习小组。其次，教师发挥主导作用，精选合作学习内容，帮助学生明确课堂的学习目标和任务，并适时进行检查[1]。

（三）授课方式

法律英语作为一种专门用途语言，其语言严谨、逻辑性强，但专业术语晦涩难懂，长难句结构复杂，文化背景深厚，因此，学生在阅读案例时，时常会感觉枯燥或产生畏难情绪，这就要求教师在授课过程中及时加以引导提示，可结合国家政策、文化背景及社会热点让学生自行分析辩论，并相互对各自的观点进行评论，以激发学生的辩证思维，保证课堂教学的多样性和活跃性，保证每一位同学积极思考和参与课堂活动。

此外，教师还应注意在授课过程中，语言与内容并重，不可只

---

〔1〕 参见袁传有：“‘多模态信息认知教—学模式’初探——复合型课程‘法律英语’教学改革尝试”，载《山东外语教学》2010 年第 4 期。

关注案情和法律知识的传授，而忽略对法律术语的解释、语言特点的分析和语言技能的训练；也不可只关注语言学习和语言技能训练而忽略法律知识的讲解和思辨能力的提高。语言习得与内容获取并重才是以内容为依托的教学目的。

五、结语

综上所述，基于内容依托式教学理论下的案例教学法的应用，很大程度上提升了高校法律英语的教学效果，激发了学生对法律英语的学习兴趣。同时，在学习过程中培养学生逻辑思维能力和辩证思维能力，提高学生学习的主观能动性，真正实现教学相长。但在实践过程中，该教学理论仍面临诸多问题，需要在实践中不断探索，总结完善，从而提升高校法律英语的教学质量，培养合格的涉外法律人才。

人才培养

大数据视阈下 MTI 学生需求分析及其对课程设置的启示

田力男*

一、引言

需求分析（Needs Analysis）在教育教学中是指为了更好地进行课程设计、实施人才培养目标，由设计者和相关教师对学习者的主观需求和客观需求进行调查分析。[1] 从内容上看，需求分析可以分为目标情景分析（Target Situations Analysis）和学习情景分析（Learning Situations Analysis）两个方面。[2] 目标情景是学习者在课程结束时应该达到的目标，在语言学习活动中，该目标取决于语言在实际生活中实际应用情况；学习情景是指学习者当前的目的语水平、学习环境、个人愿望、学习策略等与学习有关的事物。总的来说，需求分析就是通过大量收集与学习者有关的需求信息，并以此指导课程设置、教学组织以及教学评估等教学活动。

二、调研项目开展情况

本项研究是一项定性与定量研究的结合，旨在以我校 MTI 学生为对象，调查研究他们对在我校 MTI 学习的预期和对学生就业的作

---

* 田力男，中国政法大学外国语学院副院长、教授。

〔1〕 Hutchinson T. & Waters A. , *English for Specific Purposes Learning - centered approach*, Cambridge: Cambridge University Press, 1993.

〔2〕 Dubby Evans, et. al. *Development in English for Specific Purpose*, Cambridge: Cambridge University Press, 1998.

用和价值，以期为我校 MTI 专业建设提供量化的可参考的依据。

本研究通过调查问卷、访谈和文献阅读等方法，从我校 MTI 两届学生的学习现状和学习需求入手，对照全国翻译硕士专业学位（MTI）教育指导委员会对 MTI 专业设置和人才培养的说明，以及社会对翻译人才的要求，努力回答以下三个问题：①我校 MTI 学生学习现状是什么？②我校 MTI 学生学习动机和最终需求是什么？③MTI 课程设置的定位应该是什么？所开设的课程如何满足学生的职业需求？

三、调查结果与分析

（一）我校 MTI 学生学习现状

本项目针对该问题设计了以下调查题目，调查数据及分析结果如下：

在已经学过的课程中，哪三门课程对提高你的翻译能力帮助最大？在翻译实践中，你经常应用什么翻译软件或工具？你认为现有培养方案中的学时和学分是否能够满足你的学习需求？你对现行 MTI 培养方案的总体评价是什么？

1. 在已经学过的课程中，哪三门课程对提高你的翻译能力帮助最大？

【2016 级学生】

毕业年级的学生将 14 门课列入有助于他们提高翻译能力的课程，其中，合同翻译、法律案例阅读与翻译、交互传译和法律翻译四门课程得票数最高。

【2017 级学生】

一年级的学生对课程的认可度与毕业班学生相似，但是在校学生更加注重对老师的评价，从学生的描述中可以看出能够提高学生翻译能力的课程所具备的特点。

以上说明学生对 MTI 课程教学的关注度比较高，学生们认可 3

门与法律相关的课程也呼应了下面学生在回答我校 MTI 项目优势的答案。

2. 在翻译实践中你经常应用什么翻译软件或工具?

从调查结果可以看出学生普遍在使用网上免费在线翻译工具为有道和 google 翻译，这两种翻译工具的优点是容易获得、使用方便，但缺点是不能保证词条的准确性。这也是学生翻译能力提高的障碍点。

调查结果也显示，42.31%的学生在使用在线平行翻译库，比起前两种工具，其在一定程度上能够提供可靠的参考。另外，有 23.08%的学生使用塔多斯（Trados）翻译工具，还有 7.69%的学生自建翻译语料库，具有正向的翻译学习方法，对学生积累翻译语料、提高翻译管理意识有一定的帮助。

3. 你认为现有培养方案中的学时和学分是否能够满足你的学习需求?

该调查结果显示各有一半的人认为现有培养方案中的学时和学分能够和不能够满足被调查者的学习需求。也就是说，有一半的同学具有修订培养方案中规定的学时和学分的要求，并且都是希望增加课时和学分。这一方面是 MTI 两年学制的期限其中包含 6 个月的实习期导致用来上课的时间有限造成的，另一方面也说明学生的基础知识和技能还不能满足学生从事翻译实践的要求。

4. 你对现行 MTI 培养方案的总体评价是什么?

在该项调查结果中，88.46%的学生对现行培养方案是基本满意的，说明我校 MTI 人才培养方案比较适合已有两届学生，无需进行大的调整。

（二）我校 MTI 学生学习动机和最终需求是什么?

本项目针对该问题设计了以下调查题目，调查数据及分析结果如下：

5. 你现有的 MTI 学习情况是否符合你报考时的预期？

调查发现有 68%的学生认为当前学习情况已经达到报考时的预期，有 10.2%的学生认为比当初预期的好，19.8%的学生认为没有达到预期。

6. 你报考我校 MTI 专业的初衷是什么？

从学生学习 MTI 专业的初衷来看，大部分学生学习该专业的动机不在口笔翻译本身，而是对学校名声和学历学位的追求，说明是工具型学习动机，在该动机的驱使下，学习者通常更加注重教学管理对学习者的影响。

7. 你认为我校 MTI 项目哪些方面需要改进？

该项调查结果反映出学生需要优化现有课程设置、加强就业工作、加强毕业设计指导和管理，以及加强实习实践平台建设。其中，有 61.54%学生认为课程设置是 MTI 项目有待改进的重点内容。

（三）MTI 课程设置的定位应该是什么？所开设的课程如何满足学生的职业需求？

本项目针对该问题设计了以下调查题目，调查数据及分析结果如下：

8. 你认为大数据对翻译硕士人才培养的作用应该体现在哪些方面？

该项调查结果显示绝大多数学生（84.62%）认为翻译实践需要大数据进行辅助，这与问题 3 所调查的内容密切关联。问题 3 中所提到的翻译软件和翻译工具在一定范围来说都是大数据产品，而大数据更加强大的功能和信息是翻译学习者和实践者得以提升的重要依靠。

9. 你认为我校 MTI 项目的优势是什么？

该项调查结果有利呼应了问题 8 调查问题的答案，在回答我校 MTI 需要改进的方面时，问题 8 中百分比最高的法律翻译师资和校外兼职导师在问题 10 中的比率是最低的，该项调查结果从正面肯定了我校 MTI 项目的师资优势。这应该是我校 MTI 人才培养方案和课程设置修订中应该充分考虑和利用的资源。

10. 在翻译实践中你最欠缺的是哪方面的能力?

学生所意识到的欠缺的能力正是学生在学校学习的意义。该项调查结果对学生最渴求的能力显示度最高的是特定专业知识运用能力（80.77%），说明语言能力的发挥取决于学生对翻译文本专业性的掌控能力，这启示我们在法律翻译人才培养时，要加强对学生法律背景和基本专业知识的教学。此外，双语能力、跨文化交际能力和机辅翻译能力的提高是培养方案修订和课程设置应该重点考虑和研究的内容。

11. 你已经选择或希望选择的就业领域?

该项调查结果与问题 6 一起提醒我校 MTI 项目负责人除了翻译及法律翻译的技能培养外，还要兼顾学生就业领域对学生技能和素养的要求，比如：律所等法律行业所要求的至少具备某一面完整的法律知识体系，法律人所具备的逻辑思维，公司、企事业单位所需要的处理相关事务的知识和能力，等等。

三、调查结果对培养方案制定和课程设置的思考与建议

国务院学位委员会 2007 年 3 月 30 日发布了“关于下达《翻译硕士专业学位设置方案》的通知”，使之成为继 MBA 等后的第 18 种专业学位。同年 3 月，国务院学位办开始了在全国高校中翻译硕士专业学位点设置的试点工作，后共批准 15 家单位试点，到 2017 年已有 158 家。这就意味着我校 MTI 硕士点建设必须要具有自身特色，使学生通过复合型专业学习获得职场竞争力。

我校 MTI 课程设置首先要满足国务院学位委员会对学位点建设的要求。《翻译硕士专业学位设置方案》（以下简称《方案》）是指导 MTI 课程设置的纲领性文件。《方案》共计 13 条。第 1 条指出我国设置“翻译硕士专业学位”是“为适应我国改革开放和社会主

义现代化建设事业发展的需要，促进中外交流，培养高层次、应用型高级翻译专门人才，决定在我国设置翻译硕士专业学位。”第 2 条提供了翻译硕士专业学位的英文名称，即“ Master of Translation and Interpreting”缩写为 MTI。翻译硕士专业学位名称为专业的特色化设置预留了一定空间。我校 MTI 专业的名称可以具体设定为“法律翻译专业硕士”（MTI in Legal Translation）。《方案》的第 3、4 条对培养目标作了说明，即“翻译硕士专业学位的培养目标为具有专业口笔译能力的高级翻译人才”，“翻译硕士专业学位获得者应具有较强的语言运用能力、熟练的翻译技能和宽广的知识面，能够胜任不同专业领域所需的高级翻译工作”。突出强调了翻译专业人才所应掌握的“双语能力、口笔译技能及宽广的百科知识”三方面知识。第 5 条、6 条对招考作了说明，“招生对象一般为学士学位获得者；鼓励非外语专业毕业生及有口笔译实践经验者报考”，“入学考试采用全国统考或联考、初试与复试相结合的办法”。第 5、6 条要求“翻译硕士专业学位”学员要语言过关、至少有某一方面的专业特长、有口笔译实践经验。《方案》的第 7、8 条对教学内容和教学方法提出了要求。要求教学内容要突出口笔译技能训练、重点培养学生的翻译实际操作能力，同时兼顾翻译理论素质和跨文化交际能力的培养。要求教学采用课程研讨、模拟、实训等多种形式；充分利用现代化教育技术手段和教学资源，强调学生学习的自主性和教学的互动性；加强教学实践，学生在读期间必须完成一定数量的翻译实务。第 9 条对承担教学工作的教师素质作了要求，要求“承担专业实践教学任务的教师必须具有丰富的口译或笔译实践经验”。第 10 条规定了翻译硕士专业学位毕业设计可以从翻译项目的研究报告、实验报告或研究论文三种形式中任选其一，比起学术硕士的论文更加注重实践性。《方案》的第 11、12、13 条对学位授予、证书印制等作了说明。[1]

基于以上调查研究发现，对照全国翻译硕士专业学位（MTI）教育指导委员会的相关规定和要求，我们有必要思考以下四方面问题，以求为我校 MTI 培养方案和课程设置提供参考。

（一）翻译能力的培养是 MTI 课程设置的关键内容

翻译能力是一个非常复杂的概念。纽伯特（Neubert）曾用七个词描述翻译能力的特点：复杂性（complexity）、异质性（heterogeneity）、渐近性（approximation）、开放性（open-endedness）、创造性（creativity）、情境性（situationality）和历史性（historicity）。从本质上来说，翻译能力是一个综合概念，是指译者“从事翻译所需的潜在的知识和技能系统”，由多个不同层次的子能力构成。[2]

翻译能力的以上特点集中体现在源语和目的语的转换，即在翻译过程中，这两种语言能力在翻译学中也叫“双语能力”，指的是将用一种语言表达的信息用另外一种语言表达出来的能力。双语能力对翻译者完成翻译任务至关重要。“理想的双语能力”是指学生能够掌握“翻译涉及的两种语言的语用知识、社会语言学知识、文本及词汇—语法知识”。[3] 调查结果显示学生认为自己欠缺的能力包括双语能力，因此，除了翻译课程，还应该在课程中设置英语语言或汉语语言课程，以满足翻译所要求的双语能力。

翻译能力的开放性和创造性要求译者在语言知识之外还要有对所翻译文本所依托的文化的感知力、处理信息时的逻辑思维能力。刘和平认为这种能力可以归纳为思辨能力的培养，认为学习翻译就是学习翻译的特殊思维模式，而这种思维模式的训练应贯穿在翻译

---

〔1〕 参见全国翻译专业硕士教育指导委员会：《翻译硕士专业学位设置方案》。

〔2〕 参见祝朝伟：“基于翻译能力培养的 MTI 课程设置研究”，载《外语界》2015 年第 5 期。

〔3〕 祝朝伟：“基于翻译能力培养的 MTI 课程设置研究”，载《外语界》2015 年第 5 期。

理论和实务课程当中。翻译具有体验性、互动性、创造性、语篇性、和谐性等特征。应在理论和实务课上解决理论联系实际的问题，尤其应凸显翻译实践和实战的特征，这是培养学生翻译能力所必须采用的途径和办法。[1]因此，思辨能力的培养应该贯穿在培养方案指导思想和每门课程大纲当中。思辨能力也应该成为学生毕业设计要考核的重要能力之一。

（二）翻译策略教学是大数据时代MTI课程设置的必备技术

大数据时代的特点可以归纳为信息数量大、传输速度快、数据结构多、影响范围大、应用价值高。在大数据时代，大数据技术对翻译教学与翻译实践的影响是非常巨大的，这主要体现在翻译必经的查证过程当中。目前，运用大数据形成的翻译工具可谓层出不穷，比如：谷歌翻译是将语言词汇和相关语法编入程序，然后通过电脑程序进行翻译，属于比较典型的机器翻译。还有塔多思（Trados），一款翻译记忆软件，它的翻译方式不同于谷歌翻译，谷歌翻译是通过计算机程序，而塔多思是通过“记忆”。塔多思的两大特点是辅助翻译和翻译记忆。比如，在翻译一个建筑方面的文本时，总会出现之前翻译过的词汇和句子，这样重复翻译就没有必要了，塔多思就会记忆下你翻译过的每一个句子，在相同句子再一次出现时，塔多思会给出之前翻译过的结果，从而自己选择是否进行采纳。随着自己翻译过的资料越来越多，自己电脑中的塔多思记忆库也会越来越丰富，这样重复翻译出现的概率就会增大，塔多思往往会使翻译效率成倍增加，特别是对职业笔译工作者来说，塔多思是必备的翻译软件。

类似的基于大数据的翻译工具还有很多，并且越来越智能，将来的翻译（特别是笔译）就会产生革命性的变革。面对一篇文章，很有可能需要译者做的就是选择正确的译法和调整句子，以使其更

---

〔1〕 参见刘和平、王茜：“翻译思辨能力发展特征研究——以MTI翻译理论与实务课程为例”，载《中国翻译》，2015年第4期。

适合篇章，因为这些句子前人已经翻译过，看到一个句子后，大数据会给我们提供许多翻译作为参考，在这种技术的推动下，翻译课程不能回避的事实就是要加强对学生翻译策略的培训，教会学生运用大数据时代的先进的翻译软件和工具提高翻译效率，同时提高翻译教学质量，增强学生从事翻译职业的信心。

（三）法律专业知识和法律文化教学是我校 MTI 课程设置的突出特色

根据国务院学位委员会《方案》的要求，我校 MTI 专业硕士学位结合我校法学学科优势确定了我校特色的 MTI 专业硕士人才培养目标：“培养德、智、体全面发展，适应国家经济、文化和法治建设需要的中外并蓄、法译兼修的高级法律口笔译人才。”[1]

高级法律口笔译人才在一般翻译人才所具备的语言、思维、翻译技术等能力的基础上，还应该掌握基本的法律专业知识，了解目的语所属国家的基本法律制度和法律文化。法律知识和法律文化是法律学科的基本构成要素，需要专门课程教学或是自学要求作为保障，才能比较系统地获取从事法律翻译所必需的法律术语、法律概念、法律制度文化等知识。法律翻译不是单纯的法律词汇、语句和篇章之间的转换，如果法律文化和法律专业知识欠缺，就会背离法律翻译过程中跨法律文化信息交流的本质，这种情况下，学生就很难获得基于不同法律文化背景的法律文本的驾驭能力，法律翻译人才的培养就无从谈起。

从上述调查结果可以看出，学生对法律专业课程的需求比较迫切，这就提示我们在课程设置时，要重点考虑法律类翻译课程的设置，在有限的学分学时条件下，课程设置要仔细研究，达到人才培养目标所需的法律知识内容，仔细研究课程与课程之间的开设顺序，每门课程的教学目标和教学任务要有衔接和递进。除此以外，

---

〔1〕 参见《中国政法大学翻译专业硕士培养方案》。

还应该规定学生必修的法学专业课程，引导学生参加国家统一法律职业资格考试，以此帮助学生增加法律知识和法律文化意识储备。

（四）法律翻译实习实践是我校 MTI 课程设置的必要环节

调研中的最后两个问题是关于我校 MTI 学生就业意愿的题目，调查结果显示几乎没有学生选择从事翻译职业。这和翻译职业市场低迷的社会现实有关，也与学生对翻译职业认知单一、对法律行业认可度过高有关。学生对未来职业有自主选择权，但是培养单位应该担负起对学生进行职业教育的义务，也就是说，要保证学生毕业前充分了解专业翻译公司业务流程，或法律事务中法律翻译业务流程，避免翻译硕士因为对翻译或法律翻译行业流程缺乏了解或对应掌握的职业相关知识了解甚少而抛弃翻译职业。

王建国认为，在 MTI 教育中应该设置某些壁垒，适当转变“放任主义”，有益于 MTI 的健康发展。他认为，指定定点就业单位或规定准入学校必须有定点就业单位等措施可以有效提高教学的职业化和特色化，从而保障 MTI 毕业生在市场经济中具有竞争优势。[1]我校在课程设置时也应该充分预留学生进行实习、实践的时间，并且为学生聘请法律行业兼职导师，为学生介绍律所、商标代理机构、专利局等与法律相关的单位进行实习，以此增强学生的职业意识，为学生理性地进行职业选择奠定基础。

四、结语

本文按照全国翻译专业硕士培养方案的要求，结合我校专业硕士培养方案对我校 MTI 专业硕士培养方案中课程设置问题进行了调查研究。研究发现，翻译能力培养、翻译技术培训、法律专业知识和法律文化教学和职业素养提高是为社会发展培养翻译或法律翻译人才需要重要考虑的方面。目前 MTI 专业硕士学位点数量不断增

〔1〕参见王建国、彭云：“MTI 教育的问题与解决建议”，载《外语界》2012 年第 4 期。

加，社会变化给 MTI 人才培养带来了新挑战，如何顺应新时代的发展形势，提高教学质量，满足不同级别的 MTI 学生的学习需求，是我校 MTI 人才培养方案急需解决的问题。为此，我们要清晰了解学生和社会对 MTI 教育的需求，只有这样才能设计出高效的课程设置方案，才能为国家发展培养出高端法律翻译人才。

新时代复合型涉外法律人才培养探析

黄　姗*

一、引言

随着我国对外开放的不断深入和“一带一路”建设的蓬勃发展，对外交往不断加深，贸易畅通不断提升，资金融通不断扩大，由此引发的经济摩擦和法律纠纷也呈上涨趋势，这对我国审判人员和律师等涉外法律服务人员提出了更高的要求。有鉴于此，加强涉外法律服务人才培养是建设完备的法律服务体系、推进全面依法治国、促进全方位对外开放的重要举措，同时，也将为维护我国公民、法人在海外的正当权益发挥重要作用。

二、涉外法律人才培养的时代背景

2013 年 9 月和 10 月，国家主席习近平在出访中亚和东南亚国家期间，先后提出共建“丝绸之路经济带”和“21 世纪海上丝绸之路”（以下简称“一带一路”）的重大倡议，以期开创中国全方位对外开放新格局。随着“一带一路”倡议在世界范围内落地开花，迄今，已有 80 多个国家和国际组织同中国签署了合作协议，设施联通不断加强、贸易畅通不断提升、资金融通不断扩大〔1〕。“一带一路”建设在促进沿线国家之间跨文化交流和经贸往来的同

---

* 黄姗，中国行为法学会主任助理。

〔1〕 参见“习近平在‘一带一路’国际合作高峰论坛开幕式上的演讲”，求是网，http：//www.qstheory.cn/zdwz/2017-05/14/c_ 1120969715.htm，最后访问时间：2018 年 5 月 24 日。

时，由此引发的经济摩擦和法律纠纷也呈上涨趋势。最高人民法院民四庭张勇健庭长表示，2016 年，各级人民法院审结了各类涉外案件（含一审、二审、再审和执行）25 900 多件，同比增长 9.38%。并呈现出以下三方面的特点：①涉外涉港澳台民商事案件数量增速迅猛，2016 年各级法院审结涉外民商事案件有 19 200 件，相较 2015 年同期增长 10.92%，占涉外案件比重的 74.1%；②新类型、疑难复杂案件数量增多；③与“一带一路”建设密切相关的案件数量上升比较快〔1〕。涉外案件数量的不断增长、案件类型复杂程度的提高对我国审判人员提出了更高的要求。

此外，在进行国际贸易交往过程中，部分中国企业法律意识淡薄，缺乏相关国际法及外国法律知识，企业的国际化水平、律所及企业法务部门的涉外法律服务水平亟待提高。以中兴通讯事件为例，企业缺乏法律意识和保密意识，多次涉险违规经营，漠视相关国家规定和国际协议，影响中国企业的国际形象，最终付出惨痛代价。中兴事件为我们敲响警钟。

2016 年，司法部、外交部、商务部、原国务院法制办公室〔2〕四部门联合印发了《关于发展涉外法律服务业的意见》（以下简称《意见》），对发展涉外法律服务业作出了全面部署。《意见》在认可我国涉外法律服务业取得了一定成绩的同时，也指出：“当前涉外法律服务业仍然面临一些问题和挑战，主要表现在：涉外法律服务业的工作制度和机制还不完善，政策措施还不健全，我国涉外法

〔1〕 参见“最高人民法院民四庭庭长张勇健谈人民法院为‘一带一路’提供司法保障及处理涉外案件”，法制网，http：//www. legaldaily. com. cn/locality/content/2017-3/13 content_ 7050355. htm，最后访问时间：2019 年 7 月 18 日。

〔2〕 2018 年 3 月，根据第十三届全国人民代表大会第一次会议批准的国务院机构改革方案，将国务院法制办公室的职责整合，重新组建中华人民共和国司法部，不再保留国务院法制办公室。

律服务业的国际竞争力还不强，高素质涉外法律服务人才比较匮乏。”〔1〕中国人事科学研究院发布的《2009 年中国人才发展报告》显示，2010 年我国包括涉外律师在内的 8 个领域内高端涉外人才需求很大，人才缺口预计在 325 万人。我国平均每个律师事务所仅有一名涉外律师，根本做不到每个企业在对外经济活动中都有律师的协助，因此造成了许多不必要的损失。近几年，虽然我们在涉外法律人才培养上取得了一定进展，但随着需求的不断增加，涉外法律市场的不断发展，涉外法律人才缺口仍然很大，这已经成为我们所面临的重要难题之一。

在新形势下，如何高效解决涉外纠纷，为跨国企业之间的合作往来保驾护航，这一问题迫在眉睫。早在 2012 年，教育部就推出了“卓越法律人才教育培养计划”〔2〕，在全国设立若干卓越涉外法律人才、卓越复合型应用性法律人才和西部法律人才的培养基地。《关于发展涉外法律服务业的意见》中也指出：“将发展涉外法律服务业纳入国家和地方‘十三五’服务业发展规划，纳入实施‘一带一路’、自贸区建设等重大国家发展战略。”〔3〕此外，最高人民法院于 2015 年 7 月 7 日发布的《人民法院为“一带一路”建设提供司法服务和保障的若干意见》中也提出要加强专业人才培

---

〔1〕“关于发展涉外法律服务业的意见”，中华人民共和国司法部，http：//xy. moj. gov. cn/index/content/2017-05/25/content_ 7181009. htm，最后访问时间：2018 年 5 月 25 日。

〔2〕2012 年 5 月 26 日，由中共中央政法委员会、中华人民共和国教育部联合举办的卓越法律人才教育培养计划工作会议在北京召开。会上，正式成立了由公检法司等多部门负责同志和知名专家学者组成的卓越法律人才教育培养计划指导委员会、专家委员会，并将正式启动建设北京大学、中国政法大学等 20 多所高校与各级法院、检察院、律师事务所、企事业单位等部门共建的一大批法学教育实践基地和 100 多个卓越法律人才教育培养基地。此举标志着我国在法学人才培养领域开启了教育与用人部门共同培养人才的新局面。

〔3〕“关于发展涉外法律服务业的意见”，法律图书馆网，http：//www. law-lib. com/law/law_ view1. asp？id=551827，最后访问时间：2018 年 5 月 27 日。

养，不断提升与“一带一路”建设相适应的司法能力。要制定培养规划，加强专题专项培训，加快建立专门的审判队伍。要加强业务能力培训，强化“一带一路”建设相关知识的学习，增强司法综合素质。要拓展法官国际视野，鼓励法官参加国际交流，提高法官应对处理国际事务的能力，努力造就一批能够站在国际法律理论前沿、在国际民商事海事审判领域具有国际影响的法官。〔1〕

三、涉外法律人才培养现状及存在的主要问题

涉外法律人才应具备良好的涉外法律专业素养，同时具有优秀的外语水平，是一支通晓国际规则、具有世界眼光和国际视野的高素质涉外法律服务队伍。然而，我国涉外法律人才培养现状如何？又存在哪些问题呢？

（一）高校在对法学和外语复合型人才培养上结合不到位

我国目前的法学教育基本上培养的是单一型法律人才，其他知识包括外语语言能力相对欠缺，很难胜任涉外纠纷案件的处理。客观地说，我国目前法学教育虽然培养了大量的法律人，但却没有培养出足够数量的能够胜任处理涉外纠纷的专业型法律人才〔2〕。外语教育虽然已经出现专业化培养趋势，但全国开设法律英语、法律翻译专业的院校并不多见，仅有北京大学、上海外国语大学、中国政法大学、华东政法大学、西北政法大学、广东外语外贸大学、对外经贸大学等少数高校，因此，涉外法律人才，尤其是高端法律翻译人才严重短缺，滞后于“一带一路”建设的发展要求和国际化发

〔1〕 参见最高人民法院：“关于人民法院为‘一带一路’建设提供司法服务和保障的若干意见”，中华人民共和国最高人民法院，http：//www.court.gov.cn/zixun-xiangqing-14900.html，最后访问时间：2018 年 5 月 24 日。

〔2〕 参见刁振宇：“论涉外法律人才的重要性”，载《法制博览》，2015 年第 32 期。

展的步伐[1]。

（二）法官、检察官、律师等法律从业人员在职培训对外语的重视度还不够

根据《中华人民共和国法官法》第 31 条的规定，对法官应当有计划地进行政治、理论和业务培训，以国家法官学院为首的法官院校和其他法官培训机构按照有关规定承担培训法官的任务。据了解，除国家法官学院定期举办培训学习班以外，基层法院通常通过地方法官学院或法官培训机构组织集中培训，按业务领域、分批次对法官进行培训。根据《中华人民共和国检察官法》的要求，检察官培训是一种特定的在职培训。最高人民检察院印发的《检察官培训条例》（高检发政字［2007］3 号）对检察官的培训种类作了专章规定，第 11 条规定："岗位技能培训的对象为检察业务部门的检察官，内容包括计算机应用技术、电子检务、工作方法与技巧、公文写作与文书处理、外语等。重点是增强检察官岗位通用技能和岗位专门技能。培训时间可根据实际需要合理安排。"《中华人民共和国律师法》规定，全国及各地律师协会负责组织律师业务培训和职业道德、执业纪律教育。根据《司法部关于加强律师培训工作的意见》（司发［2007］11 号）指出："根据实施对外开放战略的需要，积极培养反倾销，反补贴等方面从事涉外业务的律师人才。加强对选派律师赴境外培训工作的指导和管理。"虽然，以上针对法官、检察官和律师的培训均包含外语培训，但是在对外语的重视度和培训强度上还远远不够，开展的一些外语培训流于形式，很难真正提高法律从业人员的涉外业务水平，因为外语水平不够等门槛障碍，国内律师很难涉足涉外法律服务领域。

（三）法律外语培训现状无法满足市场需求

2018 年 1 月，针对法律英语培训需求度，本人通过麦客表单进

〔1〕 参见张法连、马彦峰："法律翻译人才培养问题刍议"，载《译苑新谭》，2017 年第 9 辑。

行了问卷调查，共收到有效问卷117份，其中，在校学生72份，所学专业为法律或英语；在职从业人员45份，97.8%为英语或法律专业，职业主要涵盖高校教师、律师、其他法律从业人员等。就在校学生而言，87.6%的被试对学习法律英语（法律翻译）感兴趣，88.9%的被试有兴趣参加法律英语培训，然而，仅有11.1%的被试参加过法律英语培训；61.1%的被试参加培训的目的是在实务中能够灵活应用，对法律英语实务课程的需求也以58.3%的比例远远高于其他培训内容。就在职从业人员而言，虽然经常用到和几乎每天用到法律英语（法律翻译）的被试占比53.4%，但97.8%的被试对学习法律英语（法律翻译）感兴趣，91.1%的被试表示有兴趣参加法律英语培训，仅有15.6%的被试参加过法律英语培训；73.3%的被试期望实现的培训目标是在实务中可以灵活应用，88.9%的被试认为内容实用是决定其是否参加法律英语培训课程的决定因素。由此可见，无论是在校学生还是在职从业人员，对法律英语（法律翻译）培训的需求度都很高，然而，法律外语培训现状还无法满足市场需求，主要体现在开展的培训数量不足，且正规优质的培训课程更是凤毛麟角。

四、涉外法律人才培养建议

（一）完善涉外法律人才培养机制

高等院校应根据涉外法律服务业发展需求创新人才培养机制和教学方法，改革课程设置，加强法律知识学习与英语能力培养的进一步融合，形成复合型人才培养模式。可通过国内与国外教育资源、外语院校与法学院校、外语学院与法学院之间合作的方式，开设涉外法律人才试验班，采用双语教学，适当地延长学制，使学生在系统地掌握涉外法律知识的同时提高外语能力。此外，通过整合资源，加强理论教育与实践教育相结合，建立高校与实务部门联合培养机制，加快培养通晓国际规则、善于处理涉外法律事务的涉外法律人才。

（二）建立科学的涉外法律人才评价机制

科学的人才评价机制是促进人才培养的必要手段。目前，我国还没有完善的涉外法律人才评价机制。司法部、教育部等相关部门应联合各高校、科研院所根据新时代涉外法律人才应具备的知识水平和素质能力，颁布涉外法律人才考核评价标准，建立健全涉外法律人才评价标准和能力素质标准，推行涉外法律人才资格认证制度〔1〕，建立优秀涉外法律人才库，促进涉外法律人才培养和发展。

（三）完善涉外法律人才的继续教育体系

虽然公检法和律师等法律从业人员每年会定期接受培训，但培训内容主要集中在国家方针政策、新颁布的法律法规、业务技能与规范等内容，对外语的重视度和培训强度还远远不够，不足以从事涉外法律服务业务。因此，涉外案件较多的公检法相关部门及律师行业协会应带头完善涉外法律人才的继续教育体系，重视外语能力和国际视野的培养，加强国际交流，建立多样化、实用性强的继续教育体系。

（四）提升师资队伍国际化水平

高水平的师资队伍对于涉外法律人才的培养具有至关重要的作用。各高校、科研院所应加大引进具有国外留学和工作背景教师的力度，提升师资队伍的国际化水平。此外，还应积极选派国内优秀教师到国外大学、科研机构、律所等机构进修学习，提高国内教师专业知识、国际思维和全球化视野。同时，聘请经验丰富的涉外法律从业者作为学生的校外导师，这样既能让学生提前了解行业现状，也可以为学生提供更具体化的指导和见习机会，增强学生的实务实践能力。

〔1〕参见赵大程：“加强涉外律师培养，为对外开放提供人才保障”，载《中国司法》2013年第12期。

（五）规范涉外法律人才培训市场

目前，法律、外语培训课程在培训市场上层出不穷，但培训质量却良莠不齐，致使涉外法律从业人员及法律外语爱好者很难甄别优劣。因此，有关政府部门及法律服务行业协会应建立并完善对涉外法律人才培训市场的监管机制，鼓励并引导高校、公检法司实务部门、法律外语行业协会等积极开展高质量的涉外法律人才培训，打击劣质不合规培训，利用大数据、移动互联网等新一代信息技术推动涉外法律人才培养模式创新，搭建涉外法律人才培训网络平台，推动线上培训与线下培训有效结合。

五、结语

随着我国对外开放的不断深入和“一带一路”倡议的实施，对涉外法律人才的需求将越来越大[1]。然而，涉外法律人才培养是一个长期的过程，不能急于求成。只要我们形成自上而下的多层次的科学培养机制，辅之以严格的考核评价体系、丰富的行业实践和全方位的管理监督，我国涉外法律人才培养将会蓬勃发展，为企业涉外交往保驾护航，切实为国家“一带一路”建设提供优质的涉外法律服务。

〔1〕参见代水平：“涉外法律人才的素质要求与成长路径”，载《教育评论》2013年第6期。

涉外法治人才培养目标指导下的法律专题笔译课程建设

田力男*

一、引言

加快培养通晓国际规则、善于处理涉外法律事务的涉外法治人才是我国新时代法治建设和国家发展的一项重要工作，法律翻译人才培养应该对标党的十八届四中全会以来对涉外法治人才队伍建设的相关文件要求，并以此指导法律翻译人才培养方案的制定及相关课程设置。法律专题笔译课程是中国政法大学法律翻译专业硕士课程体系中的一门实务课程，旨在通过介绍不同领域的法律实务翻译任务，使学生了解该特定领域的法律专门用语及术语，熟悉不同专题法律文本特点，掌握应对法律专题翻译的基本要求和方法，进而提高学生法律专题翻译实践能力。该课程教学目标的实现在一定程度上取决于对涉外法治人才标准的理解，取决于课程设计思路与社会对人才需求的切合程度，以及课程专题的选取、教学组织形式和考核方式等因素。

二、研究背景

任何一项研究的意义都离不开研究所处的时代背景、国家需求以及所依托单位的要求。法律专题笔译课程的设置一方面是为了满

* 田力男，中国政法大学外国语学院副院长、教授。

足国家法治建设，响应新时代中国对涉外法治人才的需求，另一方面是为了满足我校复合型创新法律翻译专业人才培养目标的要求。

（一）国家发展需要涉外法治人才

《国家中长期教育改革和发展规划纲要（2010—2020 年）》指出，人才培养体制改革要“创新人才培养模式”，规定法学教育要培养社会主义法治建设所需要的人才。〔1〕2011 年 12 月教育部、中央政法委员会联合下发的《关于实施卓越法律人才教育培养计划的若干意见》［教高（2011）10 号，以下简称《意见》］明确了社会主义法治建设所需要的人才培养目标：“经过 10 年左右的努力，形成科学先进、具有中国特色的法学教育理念，形成开放多样、符合中国国情的法律人才培养体制，培养造就一批信念执着、品德优良、知识丰富、本领过硬的高素质法律人才。”〔2〕同时划分了卓越法律人才培养类型：应用型、复合型法律职业人才，涉外法律人才，西部基层法律人才。《意见》提出涉外卓越法律人才培养单位的任务是培养“适应世界多极化、经济全球化深入发展和国家对外开放的需要，培养一批具有国际视野、通晓国际规则，能够参与国际法律事务和维护国家利益的涉外法律人才”〔3〕。

2014 年 10 月党的十八届四中全会通过的《中共中央关于全面推进依法治国若干重大问题的决定》，对发展涉外法律服务业作出重要部署，提出建设通晓国际法律规则、善于处理涉外法律事务的涉外法治人才队伍。2016 年 5 月中央全面深化改革领导小组会议审

---

〔1〕参见《国家中长期教育改革和发展规划纲要（2010—2020 年）》，教育部门户网站的信息，http：//old. moe. gov. cn/publicfiles/business/htmlfiles/moe/info _ list/201407/xxgk_ 171904. html，最后访问时间：2019 年 7 月 21 日。

〔2〕《教育部 中央政法委员会关于实施卓越法律人才教育培养计划的若干意见》，教育部门户网站的信息，http：//old. moe. gov. cn//publicfiles/business/htmlfiles/moe/s3875/201204/134451. html，最后访问时间：2019 年 7 月 21 日。

〔3〕《教育部 中央政法委员会关于实施卓越法律人才教育培养计划的若干意见》，教育部门户网站的信息，http：//old. moe. gov. cn//publicfiles/business/htmlfiles/moe/s3875/201204/134451. html，最后访问时间：2019 年 7 月 21 日。

议通过《关于发展涉外法律服务业的意见》，提出建立一支通晓国际规则、具有世界眼光和国际视野的高素质涉外法律服务队伍，为“一带一路”等国家重大发展战略提供法律服务。2017 年 5 月，司法部联合外交部、国家发展和改革委员会、教育部、商务部、中华全国律师协会等 13 个部门召开了第一次发展涉外法律服务业联席会议，号召加快培养通晓国际规则、善于处理涉外法律事务的涉外法律人才。2018 年 10 月教育部、中央政法委发布的《关于坚持德法兼修 实施卓越法治人才教育培养计划 2.0 的意见》在第 7 条明确指出，要“促开放，构建涉外法治人才培养新格局。进一步拓宽与国际高水平大学和国际组织合作交流渠道，深化与国际高水平大学学分互认、教师互换、学生互派、课程互通等实质性合作，积极创造条件选送法学专业师生到国际组织任职实践，培养一批具有国际视野、通晓国际规则，能够参与国际法律事务、善于维护国家利益、勇于推动全球治理规则变革的高层次涉外法治人才。服务‘一带一路’建设，着力培养熟悉‘一带一路’沿线国家法制的高素质专门法治人才”〔1〕。

（二）我校涉外法治人才培养特色

中国政法大学是中共中央政法委员会、教育部部署的教育战略计划中的“卓越法律人才教育培养计划”实施高校。在该计划的促进下，我校于 2012 年被教育部遴选为复合型、应用型、涉外型三种类型的“卓越法律人才”教育培养基地，并在原有四大法学专业基础上相继建立法学人才培养模式改革实验班（法学实验班）、涉外法律人才培养模式实验班（涉外法学实验班）、法学专业西班牙语特色人才培养实验班（西班牙法学实验班）、法学学术精英人才培养实验班（法学学术精英实验班）。除此之外，在国家法治建设

---

〔1〕《关于坚持德法兼修 实施卓越法治人才教育培养计划 2.0 的意见》，教育部门户网站，http：//www.moe.gov.cn/srcsite/A08/moe_739/s6550/201810/t20181017_351892.html.

与国家“双一流”高校建设规划的大背景下，我校高度重视翻译专业硕士人才培养工作，于 2014 年 9 月成立中国政法大学翻译硕士专业学位（MTI）教育中心，将我校 MTI 教育的发展思路确定为：以“立德树人，全面发展”为原则，以“中外并蓄、法译兼修”为理念，以学科内涵建设和特色发展为先导，以“复合型、实践型”师资队伍建设为重任，面向国家社会、经济、文化发展需要，依托中国政法大学法学学科优质资源，致力于培养精通中西方语言文化、通晓法学专业知识、具有卓越跨文化交际能力和创新精神的“高层次、应用型、职业化”法律笔译人才。

为了实现“厚基础、宽口径、高素质、强能力的复合型、应用型、创新型”的法律翻译人才培养目标，我校 MTI 课程设置在确保足够的翻译基本功训练基础上，突出法律翻译特色。现有课程中约有 50%的课程与法律翻译相关，如《英美法律制度》《法律案例阅读与翻译》《法律术语翻译》《法律文书翻译》《合同翻译》《法律专题笔译》《法庭口译》等课程。这些课程迎合专业学位教育实践性特点，一方面强调授课形式具有实践性，另一方面强调课程内容具有实践性。

《法律专题笔译》课程是该课程群中比较有代表性的一门专业实践型课程，是我校法学以外学科培养涉外法治人才的典型课程范例。

三、《法律专题笔译》课程所遵循的涉外法治人才定义

国家在过去近十年法治建设进程中多次强调培养具有国际视野、通晓国际规则、能够参与国际法律事务的卓越法律人才的重要性，在重要会议和文件中，以及各单位在人才培养实践中，对这类人才有不同的表述，如“涉外法治人才”“卓越涉外法律人才”“涉外法律人才”“国际型法律人才”“国际化法律人才”等。这些表述在名称上比较相似，都是围绕涉外和国际化命名，但是“法

治”和“法律”在法理上是有一定区别的，“法治”是相对于“人治”的一种概念，更能表达国家治理的法治思想，而“涉外”更能够显现我国走向国际舞台的参与意识，所以本文采用十八届四中全会通过的《中共中央关于全面推进依法治国若干重大问题的决定》中所使用的“涉外法治人才”说法，对该类人才的表述主要借鉴学界和业界从人才从业标准和所需的知识技能方面对涉外法治人才所进行的界定。

（一）学界的理论认识

石佑启、韩永红二位学者认为，依照法律从业者的工作范围和类型，涉外法治人才应是一种国际化精英型人才，指的是所有从事具有跨国因素法律工作的人才。他们认为，涉外法治人才既包括在律师事务所、企业、社会组织、司法机关、政府部门和国际组织中从事涉外或国际法律事务的工作者，也包括在高等院校和研究机构中从事国际法、比较法和外国法教学与科研工作的人才。〔1〕

曾令良教授选用了“国际化的法律人才”的说法，他认为，涉外法治人才必须具有国际化的视角、国际化的知识体系和国际化的思维模式，他认为该类人才应该具有良好的法学素养，既要心怀正义，具有公德心，还通晓外文，能够参与国际法律实务和维护国家利益〔2〕。何勤华、王利明、江国青等学者非常认可曾令良教授的定义，尤其赞同涉外法治人才要具备良好的综合素质和深厚的家国情怀，也就是要能够维护国家利益〔3〕。王祥修教授将涉外法治人

---

〔1〕参见石佑启、韩永红：“论涉外法治人才的培养——基于广东外语外贸大学办学实践的考察”，载《广东外语外贸大学学报》2015年第3期。

〔2〕参见曾令良：“卓越涉外法律人才培养的‘卓越’要素刍议”，载《中国大学教学》2013年第1期。

〔3〕参见何勤华：“建立质量保障体系 提高卓越法律人才培养质量”，载《中国高等教育》2013年第12期；王利明：“卓越法律人才培养的思考”，载《中国高等教育》2013年第12期；江国青：“全球化背景下国际型法律人才的培养——以外交学院法学专业的教学为例”，载《外交评论（外交学院学报）》2010年第1期。

才应该具备的基本素养归纳为：法治信仰、国际视野、专业素养、外语水平、人文底蕴〔1〕。

综上所述，学界的专家学者在国家各级组织和文件对涉外法治人才的表述的基础上，结合自身研究理解强调了涉外法治人才要以国内外法律专业知识和外语应用能力为基础，以职业伦理、文化修养和家国情怀作为保障，以国际视野和解决国际争端的智识为功用。从他们的研究来看，国际争端的现实性和涉外法治人才的应变能力得到越来越多的关注，尤其要求涉外法治人才要从全球化、本土化及多极化形势下的国家处境和法治出路入手，妥善处理涉外法律纠纷。

（二）业界的实践要求

涉外法治人才的培养一方面依靠学界对涉外法治人才的理解和界定，另一方面要根据法律业界对涉外法治人才的要求。从实践的角度来说，业界的实践要求更加重要。本文仅以国内某涉外律师事务所对涉外律师的要求和美国律师协会对律师职业资格要求为例，探讨法律业界对涉外法治人才的期许和规定。

1. 涉外律师及其岗位职责〔2〕。某律所网站上对涉外律师的描述是：具有优秀的国内和国际法律知识，从事涉外的诉讼和仲裁的律师，与国内的刑事律师、民事律师、行政律师相比，涉外不但要求精通专业的国内国际法律，还要求具有优秀的外语水平。该律所规定涉外律师岗位职责是：①帮助客户处理涉外的经济、商务诉讼或者仲裁；②帮助外籍客户处理在华投资相关法律事宜；③帮助外籍客户进行企业章程、合同等相关文件的起草以及审查工作；④为外商投资企业的日常经营提供法律咨询服务；⑤为客户提供涉外的

〔1〕 参见石佑启、韩永红：“论涉外法治人才的培养——基于广东外语外贸大学办学实践的考察”，载《广东外语外贸大学学报》2015 年第 3 期。

〔2〕 该部分整理自某涉外律所网站。为避免涉嫌广告宣传，在此省去相关网址，具体信息留存在作者处备查。

相关商务贸易方面的法律咨询服务；⑥帮助境内的企业参与海外股票上市以及股权转让、风投等相关涉外融资项目；⑦工作范围还包括一些其他的境内外贸易以及国际账务处理等相关事宜。

该所规定，涉外律师任职条件包括以下几项：①通过国家统一司法考试（国家统一法律职业资格考试），并获得律师执业资格证书。以涉外诉讼或仲裁和涉外非诉讼法律服务为主的律师需要具有国际法、国际私法或国际经济法等相关法学专业本科以上学历。②通晓外商投资、国际贸易、知识产权保护等法律知识。③有较高的英语水平，能够处理大量中英法律文件。④了解国外公民和外资企业的办事风格及运作方式，认识文化间的差异。能够提供高效率、高质量的服务。⑤具备严密的逻辑思维能力，避免出现想当然的现象。⑥文字功底好，文笔周密，具备优秀的分析、处理以及应变能力。⑦有自信，能赢得客户的信任。

2. 美国法律界公认的法律人才衡量标准。1991 年，美国律师协会（ABA）下属的法学教育和律师资格部在《关于基本的律师执业技能和职业价值的声明》中提出了“基本的律师技能”，分别是：解决问题的技能，法律分析和推理技能，法律研究技能，事实调查技能，交流技能，咨询技能，谈判技能，诉讼和非诉讼争端解决程序运作技能和法律工作管理技能。ABA 标准及法律业界对律师资格的认定形成很多共识。其中的一个共识是律师或涉外律师必须具备交流能力。这里的交流能力是从业者应当能够在与相关人员的交谈中引导谈话或有效提取所需信息，要能够评估交流受众的观点，使用有效的交流方法，为了委托人的利益，与委托人的相对方进行协商从而确定双方权利义务，在谈判中能够运用从对方获得的条件同委托人磋商并贯彻委托人的决定，等等。[1]

---

〔1〕 参见许身健：“卓越法律人才教育培养计划之反思与重塑”，载《交大法学》2016 年第 3 期。

四、法律专题笔译课程设置

课程设置是指学校选定的各类课程的设立和安排。课程设置对人才培养具有举足轻重的意义，合理的课程设置应该能够反映学科人才培养目标。根据上述对涉外法治人才的界定，法律翻译人才的培养目标定位中应该包含通晓涉外法律的知识和法律文化，同时具备较好的法律口笔译技能等要素。此外，法律翻译人才培养目标定位还需参考上述国家对涉外法治人才队伍建设的要求，结合法律翻译课程本身专业性和实践性强的特点来制定。

目前很多高校正在积极探索的“外语+法学”涉外法治人才培养模式也包括法律翻译人才的培养。法律翻译人才的培养旨在使所培养的学生既具有扎实的法学专业知识，又具有良好的外语水平，成为能够直接参与国际竞争与合作的国际通用型法律人才以及具有较好口笔译能力的法律翻译人才。[1]

法律专题笔译课程是我校法律翻译专业的专业必修课程，该课程积极响应国家、司法部加快培养通晓国际规则、善于处理涉外法律事务的涉外法律人才的号召，遵照我校人才培养目标，按照法律翻译专业培养方案的要求，致力于帮助学生了解特定法律领域翻译的原文特点和译文标准，熟悉法律专题翻译方法和技巧，提高学生法律专题翻译能力。

1. 课程教学目标：①帮助学生了解特定法律领域翻译的原文特点和译文标准；②熟悉法律专题翻译方法和技巧；③提高学生法律专题翻译能力。开设法律专题笔译课程，旨在通过介绍不同领域的法律实务翻译任务，如合同翻译、国际组织文件翻译、仲裁文件翻译、知识产权文件翻译等，使学生了解该特定领域的专门用语及术语，熟悉不同专题法律文本特点，掌握应对法律专题翻译的基本

---

〔1〕 参见石佑启、韩永红：“论涉外法治人才的培养——基于广东外语外贸大学办学实践的考察”，载《广东外语外贸大学学报》2015年第3期。

要求和方法，进而提高学生法律专题翻译实践能力。

2. 课程预期效果：通过学习该课程，拓展学生法律翻译视野，引导学生积累多领域法律翻译经验，锻炼学生运用所学的法律知识和翻译技能应对不同法律翻译任务的能力。

3. 课程需求：在课程需求调查中，85%的学生认为有必要开设法律笔译专题课程，以便全面提高法律翻译的能力。法律专题笔译课程对培养方案中与法律相关课程进行了调研，综合了先开及后续课程所讲授的法律翻译要点，设计了实务性较强的法律翻译项目。法律专题笔译课程对相关教材进行了调研，根据授课要点准备了教学教材和参考资料。

4. 教学方法：法律专题笔译课程采用线上和线下相结合的教学方法，分课前、课中和课后三个阶段组织教学。课前组织学生在线上学习相关法律专题领域知识和术语，翻译相关文件的部分文字；在课堂教学中，广泛采用启发、讨论、学生试译、课堂讲评和案例教学方式，引导学生积极主动地思考归纳翻译方法和策略；课后为学生布置线上查证作业和翻译作业，复习拓展课堂教学内容。

5. 教学手段：充分利用线上教学资源，应用现代化的教学手段和新媒体技术，以提高教学效率，增强教学效果。

6. 授课专题：法律专题笔译课程采用开放式专题，根据法律实务重点热点、学生就业意向以及校外教师的建议，先期建设的主要内容/教学主题包括：国际公约、国际组织法律文件、国际贸易合同、商标代理文书、企业并购上市文件、国际仲裁文件、诉讼文书、专利文件。

7. 授课师资：法律专题笔译课程师资队伍由我校专职教师和校外业界兼职导师共同完成。不同的专题由该专题所在领域的专业人士担任兼职导师进行讲授和研讨。每个专题兼职导师以法律人进课堂的形式与专职教师一起授课。兼职导师的参与保证了该课程教学的专业性和实践性。

8. 课程考核。课程完全采用过程评价。每个专题课结束，学生需要按照作业规范完成专题翻译作业。专职教师和兼职教师共同批改打分，学期末所有作业成绩的平均分即作为该课程的总评成绩。

五、结语

随着我国依法治国基本方略的实施，以及国家多领域对外交往日益频繁，尤其是随着我国“文化走出去”“一带一路”“构建人类命运共同体”的提出，涉外法治人才以及通晓别国法律和文化的高级翻译人才的需求量急剧增加。法律专题笔译课程作为法律翻译人才培养方案中的专业课程，在课程内容设置、授课人员安排和课业考核形式等环节凸显法律专业知识、法律专题实务操作和课程实践过程的重要性。课程采用实务案例教学法，由专业法律人士选取具有一定时效性和代表性的专题案例组织学生进行翻译和讨论，将法律职业现场的情景引入课堂供学生研讨和观摩，使该课程成为学生到职业现场进行实习的有益补充，从而有效地引导学生将课内教学与课外实践紧密结合起来。法律专题笔译课程所强调的法律专业知识、法律实务操作能力和法律翻译所需要的外语能力是涉外法治人才培养目标中所包含的必备技能。如何更加深入、全面、高效地教授这些技能，拓展其他相关技能将是法律专题笔译课程在实际操作过程中需要进一步探讨的课题。

翻译硕士专业学位（MTI）课程设置解析

张雨晨*

一、引言

在经济全球化的背景下，我国对翻译人才的需求层次和需求结构均发生了巨大变化。其中，对熟悉国际贸易规则，外语沟通能力强，管理和创新能力突出，并且熟悉国外商务、宗教、民俗和法律的翻译人才的需求更为迫切。因此，近年来，国家及社会各界对翻译人才的培养愈发重视。“翻译硕士专业学位”（MTI）的设想从2005 年 3 月提出并经过几次专家组的论证，其《设置方案》（即《翻译硕士专业学位设置方案》）终于在 2007 年 1 月国务院学位委员会第二十三次会议上审议通过[1]。截至 2016 年，全国具有培养翻译硕士资格的高校发展到 206 所之多。在我国的经济、文化等各个领域迅猛发展的今天，翻译硕士专业学位的设立，为我国培养高水平的应用型翻译人才开辟了一条新的路径。

目前，我国翻译人才的培养尚处于过渡阶段，传统高等教育人才培养的单一模式难以适应新时代，全国翻译硕士专业学位（MTI）教育指导委员会副主任委员仲伟合教授认为，指导性培养方案未提及开设 MTI 专业方向这一点恰恰为各培养单位未来发展留下了很多空间[2]，而政法类院校“翻译+专业”的培养模式将是

---

* 张雨晨，中国政法大学国际合作与交流处副科长。

〔1〕 参见仲伟合：“翻译硕士专业学位教育点的建设”，载《中国翻译》2007 年第 4 期。

〔2〕 仲伟合：“翻译硕士专业学位（MTI）及其对中国外语教学的挑战”，载《中国外语》2007 年第 4 期。

今后复合型翻译人才培养的主流模式，因此，与该模式相配套的课程设置应科学、系统、充分地将法律元素融入翻译人才的培养中。仲伟合认为，培养过程应着重“厘清理念，探索模式，突出实践，顺应市场，打造队伍”〔1〕。翻译硕士专业学位是专业学位，也是一种职业学位，重在提升 MTI 学生的操作能力、强化实践训练〔2〕。政法类院校依托本校法学学科的优质资源，在培养复合型法律翻译人才方面具有得天独厚的优势。

翻译学研究生是学科建设的后备军，无论学生是偏重理论还是侧重实践，无论是以口译为主还是笔译为主，都必须学习一些共同的课程，加深对本学科的整体认识〔3〕。本文以中国政法大学、西北政法大学、西南政法大学、华东政法大学、中南财经政法大学五所政法类院校翻译硕士专业学位（MTI）为例，对其在人才培养的课程设置中体现出的共性与个性进行了梳理、分析与讨论。

二、课程设置

在 MTI 特色专业方向必修课和选修课的设置方面，应突出课程鲜明的专业性和实践性〔4〕。在相关的文件中也有体现，2007 年 3 月国务院学位委员会发布的《翻译硕士专业学位设置方案》对 MTI 的教学内容、形式以及教师资质进行了规定，其表述为：

“七、教学内容突出口笔译技能训练，重点培养学生的翻译实际操作能力，兼顾翻译理论素质和跨文化交际能力的培养。

八、教学采用课程研讨、模拟、实训等多种形式；充分利用现

〔1〕 仲伟合：“我国翻译专业教育的问题与对策”，载《中国翻译》2014 年第 4 期。

〔2〕 参见黄忠廉：“‘翻译硕士专业学位’更应突出应用性和实践性”，载《中国社会科学报》2010 年 6 月 15 日，第 8 版。

〔3〕 参见穆雷：“翻译学研究生教学探讨”，载《中国翻译》2005 年第 1 期。

〔4〕 参见王普瑞：“关于开设 MTI 特色专业方向及相关课程设置的思考”，载《学位与研究生教育》2010 年第 7 期。

代化教育技术手段和教学资源；强调学生学习的自主性和教学的互动性；加强教学实践，学生在读期间必须完成一定数量的翻译实务。

九、承担专业实践教学任务的教师必须具有丰富的口译或笔译实践经验。”

根据以上相关规定及参考资料，笔者接下来将分析五所政法类院校 MTI 课程的设置情况。

（一）中国政法大学

除了公共必修课（中国特色社会主义理论与实践、马克思主义与社会科学方法论、中国语言文化）以及专业必修课（视译、交互传译、英译汉、汉译英、法律翻译汉译英、法律翻译英译汉）外，还开设了丰富的选修课程。

表 1　中国政法大学 MTI 翻译硕士专业课表

（课程类别按口译/笔译划分）

课程名称	学分	课程类别（口译/笔译）
法律术语翻译	2 学分	笔译
英译汉	2 学分	
汉译英	2 学分	
法律翻译汉译英	2 学分	
法律翻译英译汉	2 学分	
法律文书翻译	2 学分	
英美法律制度（双语课）	2 学分	
计算机辅助翻译	2 学分	
法律案例阅读与翻译	2 学分	
合同翻译	2 学分	
法律专题笔译	2 学分	

续表

课程名称	学分	课程类别（口译/笔译）
同声传译	2学分	口译
视译	2学分	
交互传译	2学分	
法律专题口译	2学分	
法庭口译	2学分	
法学补修课 （民法、刑法、国际法等）	4学分	专业知识补课

表2　中国政法大学MTI翻译硕士专业课表

（课程类别按理论/实践划分）

课程名称	学分	课程类别（理论/实践）
英美法律制度（双语课）	2学分	理论
英译汉	2学分	
汉译英	2学分	
法学补修课 （民法、刑法、国际法等）	4学分	
法律案例阅读与翻译	2学分	实践
合同翻译	2学分	
法律专题笔译	2学分	
同声传译	2学分	
法律术语翻译	2学分	
法律文书翻译	2学分	
法律翻译汉译英	2学分	
法律翻译英译汉	2学分	
计算机辅助翻译	2学分	

续表

课程名称	学分	课程类别（理论/实践）
法律专题口译	2 学分	实践
视译	2 学分	
交互传译	2 学分	
法庭口译	2 学分	

通过表 1 可以看出，中国政法大学 MTI 翻译硕士开设的课程包括口译类、笔译类和补修课三类课程，分别为 5 门、11 门和 2 门。其特点是将翻译与法律相结合，方便学生进行学科拓展，专业化程度高，涉猎范围广，实践性强，目的是培养不同专业倾向的法律翻译人才。特别是法学类补修课程的开设，大大扩充了学生相关法律领域的知识储备，为法律翻译的实践奠定了夯实的基础。

而通过表 2 可得知，所开设的选修课中，实践类课程的数量远大于理论类课程的数量，分别是 13 门和 5 门，充分地体现了中国政法大学 MTI 强调翻译实践的教学理念。所开设全部选修课均与法律相关，更加突显了“法学+英语”的办学特色，充分发挥了法学学科优势，为培养复合型法律翻译人才提供了保障。

（二）西北政法大学

除了公共必修课（政治理论、中西语言文化）外，西北政法大学 MTI 翻译硕士开设的课程，展现出理论与实践相结合的课程设置特点。通过表 3 可以看出，开设理论课 12 门，实践课 9 门，数量上较为均衡，注重理论与实践的结合。值得一提的是，在法律文本翻译方面，细分为司法文书、知识产权、法律法规三个模块，使学生能够更加深入细致地了解法律文本翻译的特点。

表 3　西北政法大学 MTI 翻译硕士专业课表

课程名称	学分	课程类别（理论/实践）
法律基础理论	2 学分	理论
翻译概论	2 学分	
基础口译	2 学分	
高级法律英语	2 学分	
英汉语言对比	2 学分	
文体学概论	2 学分	
翻译批评与赏析	2 学分	
法律语言学	2 学分	
知识产权法	2 学分	
民商法概论	2 学分	
诉讼法	2 学分	
语用学	2 学分	
跨文化交际	2 学分	实践
英汉翻译实践	2 学分	
汉英翻译实践	2 学分	
法庭口译	2 学分	
笔译工作坊	2 学分	
计算机辅助翻译	2 学分	
法律文本翻译 I（司法文书）	2 学分	
法律文本翻译 II（知识产权）	2 学分	
法律文本翻译 III（法律法规）	2 学分	

（三）西南政法大学

除了公共必修课（政治理论、中国语言文化、马克思主义与社会科学研究方法）外，西南政法大学 MTI 翻译硕士开设的课程，展现出与西北政法大学 MTI 所开设课程相同的特点，注重理论与实践的结合，其中，开设理论课 8 门，实践课 9 门。如表 4 所示所开设的 9 门翻译实践课，涉及法律案例、法律文书及术语、合同文本翻译、法律法规翻译、商务英语翻译、传媒翻译、文学翻译，专业化程度较高。

表 4 西南政法大学 MTI 翻译硕士专业课表

课程名称	学分	课程类别（理论/实践）
中西法文化对比研究	2 学分	理论
法律英语	2 学分	
基础笔译	2 学分	
译学理论	2 学分	
英汉对比法律语言学	2 学分	
语言学基础理论	2 学分	
合同法概论	2 学分	
法学概论	2 学分	
法律案例研究与翻译	2 学分	实践
法律法规翻译	2 学分	
法学学术文献翻译	2 学分	
法律术语翻译	1 学分	
英汉合同文本翻译	2 学分	
法律文书翻译	2 学分	
商务英语翻译	2 学分	
传媒翻译	2 学分	
文学翻译	2 学分	

（四）华东政法大学

与西北政法大学、西南政法大学 MTI 所开设课程的特点相同，华东政法大学 MTI 也注重理论课与实践课的结合，其中，开设理论课 8 门，实践课 10 门。如表 5 所示，实践课囊括了法律翻译、商务翻译、文学翻译等笔译类课程，同时还有口译类课程如法庭口译。

表 5　华东政法大学 MTI 翻译硕士专业课表

课程名称	学分	课程类别（理论/实践）
中外法律语言比较	2 学分	理论
翻译概论	2 学分	
基础口译	2 学分	
基础笔译	2 学分	
法律翻译史	2 学分	
国外判例译评	2 学分	
高级法律翻译	2 学分	
英美法原理	2 学分	
法律翻译	2 学分	实践
法律文书写作	2 学分	
非文学翻译	2 学分	
文学翻译	2 学分	
法规规章翻译	2 学分	
合同翻译	2 学分	
商务翻译	2 学分	
法庭口译	2 学分	
跨文化交际	2 学分	
计算机辅助翻译	2 学分	

（五）中南财经政法大学

通过表 6 和 7 可以看出，中南财经政法大学 MTI 翻译硕士笔译、口译专业开设的课程理论性与实践性并重，其中，笔译专业开设理论类课程 8 门，实践类课程 9 门；口译专业开设理论类课程 7 门，实践类课程 10 门，均涉及文学翻译、非文学翻译、计算机辅助翻译等，涵盖面较广。

表 6　中南财经政法大学 MTI 翻译硕士笔译专业课表
（课程类别按理论/实践划分）

课程名称	学分	课程类别（理论/实践）
语言学通论	2 学分	理论
外国文学概论	2 学分	
翻译学概论	2 学分	
法律翻译概论	2 学分	
中西法律文化比较	2 学分	
中外商务文化比较	2 学分	
笔译理论与技巧	2 学分	
高级视听说	2 学分	
交替传译 I	2 学分	实践
文学翻译	2 学分	
非文学翻译	2 学分	
计算机辅助翻译	2 学分	
合同翻译实务	2 学分	
商务翻译专题	2 学分	
商务修辞与翻译	2 学分	
语料库与翻译	2 学分	
笔译工作坊	2 学分	

表7　中南财经政法大学 MTI 翻译硕士口译专业课表
（课程类别按理论/实践划分）

课程名称	学分	课程类别（理论/实践）
语言学通论	2学分	理论
外国文学概论	2学分	
翻译学概论	2学分	
笔译理论与技巧	2学分	
高级视听说	2学分	
中西法律文化比较	2学分	
中外商务文化比较	2学分	
交替传译 I	2学分	实践
交替传译 II	2学分	
视译与同声传译	2学分	
同声传译 II	2学分	
口译工作坊	2学分	
口译研究专题	2学分	
法庭口译	2学分	
文学翻译	2学分	
非文学翻译	2学分	
计算机辅助翻译	2学分	

五所政法类院校在 MTI 课程的设置上均体现出了对于翻译实践的重视，设有多领域的翻译课程。各校的课程设置也均依托本校的优质法学资源，形成了政法类院校 MTI 办学的特色——法律翻译。虽然同为政法类大学，其选修课所展示的特色也不尽相同，体现出不同学校的不同特色，以及法律翻译人才培养的共性。在未来的发展中，还应更加重视特色课程的建设，突出自身的优势，培养高质量的法律翻译专业人才。

三、结语

通过比较中国政法大学、西北政法大学、西南政法大学、华东政法大学、中南财经政法大学五所政法类院校翻译硕士专业学位（MTI）的课程设置进行共性与个性的分析，不难得知，我国翻译硕士人才的培养正向着国家发展需要的高层次、应用型、专业性翻译人才培养目标逐步迈进。

然而，翻译硕士的教育也存在着一些问题。首先，课程设置与培养目标不相符。从翻译硕士的必修课程设置来看，与翻译本科阶段的必修课存在一定的重复。对于翻译本科生源来说，翻译硕士必修理论课的学习基本上是对本科翻译理论学习的扩展与延伸；而对于非翻译本科生源来说，由于本科阶段没有系统学习翻译理论与实践知识，翻译硕士阶段的学习基本上是对翻译本科阶段学习的普及。加之生源普遍为英语或翻译专业本科，缺少法学相关背景知识，更加难以培养出“法律+翻译”高端复合型人才。其次，翻译硕士的培养，不仅仅是针对翻译技能的系统培养，也是个人综合能力及素质的培养。现实中的翻译，不是完成一项“翻译作业”，而是要完成一个完整的项目。因此，管理课程与职业道德课程的开设就变得尤为重要。

如何能切实培养出“德、智、体全面发展，能适应全球经济一体化及提高国家国际竞争力的需要，适应国家经济、文化、社会建设需要的高层次、应用型、专业性口笔译人才”，还有待进一步探究。

"一带一路"倡议背景下法律翻译人才的培养

王小刚*

一、引言

2013年，习近平主席提出了"一带一路"重大倡议，该倡议旨在通过政治互信、经济融合、文化包容、互利共赢的理念积极发展与周边沿线各国的经济合作伙伴关系，促进沿线国家以及世界各国经济和文化的繁荣发展。当今世界正在发生着深刻的变化，经济的发展更是呈现出全球化、多元化的特点，"一带一路"倡议的提出与实施是中国在日新月异的全球化经济背景下应对发展问题的内在需求。[1] 此倡议以经济发展为第一位，同时促进政治、文化、社会等各方面的发展。然而，发展与问题总是相伴相生的，在与沿线国家以及世界各国进行经济往来的同时，也会不可避免地发生一些纠纷。在全球化背景下的今天，由于世界各国之间的经济往来越来越密切，在涉外经贸领域，反倾销斗争、反贸易壁垒和贸易歧视斗争中，抑或遭受反倾销诉讼和贸易歧视的应对和斗争中，以及其他涉外事件中，都离不开法律翻译专业人才的积极配合和参与。[2] 因此，法律翻译专业人才在当今世界的经济往来过程中起到了不可

---

* 王小刚，南京信息工程大学辅导员。

〔1〕 参见侯崇莹、赵晓红："'一带一路'背景下宁夏高校翻译人才培养的思考"，载《宁夏师范学院学报》2016年第4期。

〔2〕 参见顾维忱："我国高校法律翻译人才培养策略研究"，载《河北师范大学学报（教育科学版）》2011年第7期。

或缺的作用。

二、时代背景

“一带一路”倡议带来的影响渗透于我国各个行业，也对其他国家产生了一定的影响。而在国与国之间的贸易和交往活动中，出现竞争也是无法避免的。在“一带一路”倡议的大背景下，国际贸易已经从传统的货物贸易进一步扩展至服务贸易和知识产权贸易等新型贸易中，对国民经济的方方面面都产生了很大的影响。作为“一带一路”倡议的发起国，处理好与沿线国家以及世界各国之间的贸易纷争以及各种纷争，对于中国来说有着义不容辞的责任和义务。我们应该尽量保障各国在贸易和交往活动中都能受到公平的待遇，同时保障我国的贸易能够得到最大化的发展。

基于此，涉外法律问题的解决日益成为对外合作交流过程中的关键问题之一。而在这些法律问题中，涉及知识产权、国际贸易、反倾销、反贸易壁垒等方面的涉外案件尤其多，而这些都属于涉外法律人才的工作范畴，因此，对于法律翻译专业人才的培养来说，这不仅是法律翻译专业人才培养面对的新时代背景，也是“一带一路”大背景对人才培养提出的新要求。

三、涉外法律人才需求现状

张法连教授曾经在论文中提及：根据中国当前的整体现状，律师是从事法律服务行业的主力军，但是律师们应对和处理涉外事件的专业化程度还无法完全满足当前的需求。据中国法律人才网（www. chinalawjob. com）的统计，现在国内法律界，85%的职位都要求应聘者能够熟练掌握法律英语，但 82%以上的法律工作者只具有单一的法律知识背景。基于此，国内近 64%的涉外案件几乎无人问津。笔者曾经看到过一篇文章，里面提到：美国时代周刊的调查显示，目前中国拥有各类律师事务所 1 万余家，执业律师约 13 万人。但其中能承担和提供国际性法律服务的律师不到 4000 人，在中国范围内，有能力承揽涉外业务，且其业务量 50%以上都是涉外法律事务的律师事务所不足 100 家，而能同时使用外语和法律知识与国外客户洽谈业务、签订合同的大约只有 2000 人。据有关人士做出的调查统计显示，在未来的 5 至 10 年，我国涉外法律人才的需求量将达到现在的 5 倍之多。[1]

因此，在"一带一路"倡议的大背景下，对于涉外法律人才即法律翻译专业人才的需求量是十分巨大的，对于各个高校来说，这既是机遇也是挑战，法律翻译专业人才的培养在未来将会成为重中之重。

四、法律翻译的特点

近几年来，国内学界对语言和法律关系的研究日益增多。法律是国家的产物，是统治阶级为了实现统治并管理国家的目的，经过一定的立法程序所颁布的基本法律和普通法律。法律是统治阶级意志的体现，是国家进行统治和管理的工具，因此，法律具有专业性、准确性、严谨性、严肃性等特点。基于法律本身的特点，法律翻译也赋予了英语翻译新的特点，并对其提出了新的要求。根据法律本身的特点，对法律翻译主要提出了以下几点要求，即准确性、专业性、严谨性、目的性等。中国当代法律语言学家杜金榜教授说，"法律翻译是一个创新过程，是一个囿于法律、语言、文化等因素构成的框架内的积极而有限制的新过程"；宋雷教授认为，"文学翻译的技巧和原则，也同样适用于法律翻译实践"，并认为法律翻译的研究应该从"法律翻译和法律阐释的关系、法律翻译社会功能和作用"等角度进行。[2]

---

〔1〕 参见张法连："法律英语——法律从业人员的必修课"，载《中国律师》2008 年第 8 期。

〔2〕 参见顾维忱："我国高校法律翻译人才培养策略研究"，载《河北师范大学学报（教育科学版）》2011 年第 7 期。

与此同时，除了法律文本语言本身的特点，法律的分类系统也多种多样，不同的部门法涉及不同的专业领域。中国的法律主要分为七大类：宪法及宪法相关法、民法商法、行政法、经济法、社会法、刑法、诉讼与非诉讼程序法。而根据法律调整的具体内容来看，法律又可分为宪法、刑法、民法、经济法、劳动和社会保障法、婚姻法、行政法、环境与资源保护法、知识产权法、商法、社会组织法、交通运输法、金融法、国土资源法、税务法、刑事诉讼法、民事诉讼法、行政诉讼法等。〔1〕法律本身如此之多的分类，不仅对学习法律之人是一大挑战，同时也大大增加了法律翻译的难度。

另外，不同的文化背景和法律体系之间也存在很大的差异。中国法受大陆法系影响较大，英美法属于英美法系。不同的法系和语言背后承载的文化差异也是各种各样的。所以，法律翻译工作者不仅需要了解语言和文化之间的异同，同时需要深入了解在不同语言文化下存在的法律知识和其准备传达的精神差异，这样才能准确、严谨、有效地对法律文本进行准确合理的翻译，同时完成专业化的传达和交流。

五、法律翻译人才培养策略

（一）语言基本功

要给翻译明确下一个确切的定义，是非常困难的。因为“翻译”一词具有多义性，在不同的语境下所指的具体内容也是不同的，所以从古至今，不同的学者和专家对翻译下了不同的定义以及对其进行了不同的阐释。迄今为止，多数人认同翻译主要是指人类的一种跨语言跨文化的交流活动，具体讲就是人类的口译、笔译和

〔1〕参见梁丽、李丽辉：“从法律文本的特殊性探讨法律翻译人才培养新途径”，载《河北法学》2014 年第 8 期。

人操作的机器翻译。[1] 于是也可以这样认为，翻译是两个语言社会之间的交际过程和交际工具，它的目的是促进本语言社会的政治、经济和文化的进步和传播，而它的任务是要把原作品对现实世界的呈现和看法，完好无损地从一种语言转化到另一种语言中去。[2]

从给翻译下的定义和人们对翻译的普遍理解可以看出，翻译是一种跨语言的转化，因此，这就要求译者在源语和目标语两种语言之间都要有良好扎实的基本功。而法律翻译，主要从事的是对法律文本的翻译。所以，作为法律翻译专业的学生，不仅需要具备扎实的中文和外文功底，更需要对法律语言的特点了如指掌。因为每一个行业和领域都存在他们自己的行话和语言特色，法律文本当然也不例外。法律文本的规范性、严谨性，要求法律翻译专业的学生必须懂得法言法语，不仅是中文法律文本中的法言法语，对于外文法律特色的了解和法言法语的掌握也是不可缺少的。

这就要求法律翻译专业的学生不仅需要对中文和外文的基本语法等掌握得足够好，还需要对相关的中外文法律拥有足够的了解。法律翻译者专业的学生需要大量阅读相关文献、书籍和期刊等，同时在大量阅读和了解的基础上，积累和吸收专业的、严谨的、准确的法言法语，从而夯实自己的法律语言基本功。

（二）专业法律知识

法律翻译，顾名思义是对法律文本以及与法律相关的文本进行的翻译。译者不仅需要良好的语言基本功，更需要对法律专业知识有足够的了解和研究。

因为法律翻译的工作跨越法学和语言学两门学科，因此，对于学习法律翻译专业的学生来说，同时具备法学专业知识和语言翻译

---

〔1〕 参见杨自俭：“对翻译本质属性的认识——《自由派翻译传统研究》序”，载《上海翻译》2008 年第 1 期。

〔2〕 参见牛芳、苗珺：“论霍译《红楼梦》中的‘归化’翻译策略”，载《名作欣赏》2011 年第 5 期。

技能是必不可少的。因此，专业的法律翻译人才的培养应有别于一般传统翻译人才的培养。目前我国的现状是法律专业学生的外语水平急需提高，而外语专业的学生则几乎对法学知识一窍不通。因此，法律翻译专业人才培养的困难之处在于如何平衡好法律知识和语言水平的教学，从而让学生的法律水平和语言水平能够很好地胜任工作的需求。宋雷教授在“从‘翻译法律’到‘法律翻译’”一文中对缺乏法律翻译知识和经验的译者（非法律人译者）和具备相关知识的译者（法律人译者）所作的译文进行了对比：

表 1　法律术语翻译对比表

原文	非法律人译者的译法	法律人译者的译文
Access Right	通行权	（父母对子女的）探视权
Apparent Agency	明确的代理	表见代理
Case of First Impression	未发生过的案件	无先例案件
Construction of Law	法律建构	法律解释
Derivative Acquisition	派生获得	（所有权的）继受取得
Indeterminate Sentence	不特定刑罚	不定期刑
Law Reports	法律报告	（普通法）判例汇编
Overlapping of Laws	法律的重叠	法规竞合
Prize Law	奖惩法则	捕获法
Security Measures	保安措施	（诉讼）保全措施
Separation of Powers	权利的分开	三权分立
Servient Owner	从属所有人	供役地所有人〔1〕

从上表我们可以明显地看出，隔行如隔山，术业有专攻。对于

〔1〕 参见宋雷：“从‘翻译法律’到‘法律翻译’——法律翻译主体‘适格’论”，载《四川外语学院学报》2007 年第 5 期。

这些词汇的翻译，如果译者完全不了解相关的法学知识，则其最后的译文文本很大程度上不仅难以达到基本的准确性要求，甚至会错误百出，牛头不对马嘴。对于这样的翻译成果，轻则只是翻译质量达不到标准，重则可能会对个人、企业甚至国家的利益带来巨大的损害。

因此，鉴于法律文本的特殊性、法律翻译的困难性和重要性，法律翻译专业的学生需要对自己的学习提出十分严格的要求。在夯实语言基础的前提下，不断积累和吸收法律知识。在学习法理学、法律文化等基础性学科后，还要对相应的部门法有一定的了解和研究。对于法律翻译专业的学生来说，想要能够足够胜任专业的法律翻译工作，不仅需要对中国以及外国法律体系有全面系统的掌握，熟悉相应的法学专业知识，同时还需要对两种语言文本的相同点和异同点了然于心，除此之外，还要能够精通中外文两种语言文本的相互转换，最终才能实现准确、地道的具有专业性的法律文本翻译。只有这样，法律翻译专业的毕业生才可以迅速从事和胜任法律方面的专业翻译，在实践过程中实现对不同语言法律文本的准确解读，合理有效地解决出现于我国与其他国家之间的法律纠纷和其他相关问题。

（三）批判性思维的培养

“批判性思维”，也就是英文中的“critical thinking”，是一个通过观察、分析、反思、评估来获取正确判断的思维过程。1991 年，美国《国家教育报告》中便要求各类学校“应培养大量的、有较高批判性思维能力、能有效交流、会解决问题的学生”。[1]

批判性思维与法律思维之间也存在着密切的关系。法律思维是指法律相关从业者在应对法律问题，按照法律逻辑去思考、分析和解决问题的特定思维方式。法律思维是法律工作者基于客观事实、

〔1〕 席东：“论批判性思维能力在翻译教学中的培养”，载《新西部（理论版）》2012 年第 Z4 期。本文为西安科技大学高等教育研究资助项目（编号 GJY-2012-YB-2）研究成果。

法律规范、知识和经验、法治理念在应对问题时进行合理的法律性的判断过程，包括对事实的推理和认定，以及法律规范的选择和适用。美国资深法官亚狄瑟在其《法律的逻辑》一书中论及："反省性思考乃法律逻辑的核心。"批判性思维强调通过理性分析来应对待解决的问题，从本质上讲，法律思维的运用是借助批判性思维的方式来实现的。[1]

根据法律思维本身的特点，法律翻译的过程也就是一个批判性思维的过程，需要法律翻译专业的学生具备批判性思维。通过对学生批判性思维的训练和培养，学生可以在批判性思维的指导下，对原文文本进行深刻而准确的分析和理解，从而创造出更加准确和严谨的译文文本。

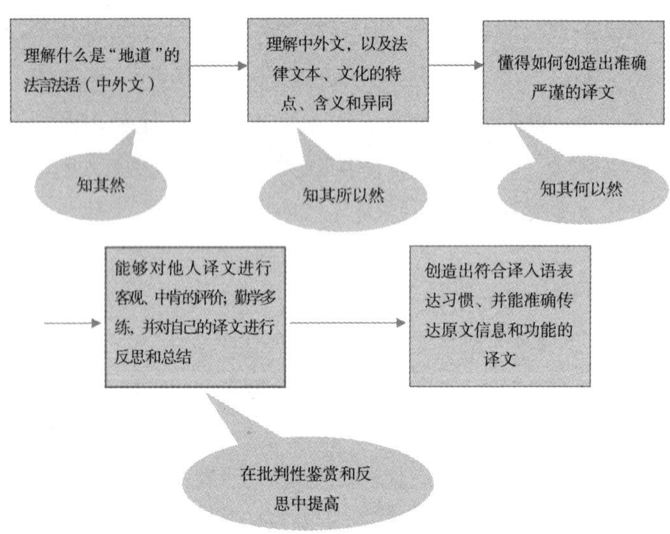

图 1　法律翻译思维过程图[2]

---

〔1〕 宋玉红："法学教育中批判性思维的培养"，载《科技创新导报》2012 年第 21 期。

〔2〕 参见肖琦："注重批判性思维能力培养的翻译教学模式"，载《工业和信息化教育》2014 年第 3 期。

如图1所示，批判性思维可以帮助法律翻译专业的学生训练他们的思维，不仅让他们知其然，还可以锻炼他们知其所以然和知其何以然。在批判性思维的指导下，不仅可以让他们做出好的译文，也可以让他们的批判性思维得到训练和提升，从而成为一个优秀的法律翻译工作者。

（四）术语数据库的建构

术语是指通过语言来表达或限定专业概念的约定性符号。术语能够准确地反映概念的本质特性，避免歧义的产生。术语数据库指存储在计算机中的对特定的词汇以及其所对应的概念或译文进行记录的电子词典。一般的术语数据库有三种类型：第一种主要适用于翻译，即双语或多语的对照词表。第二种主要适用于标准化的词语解释，这种类型的术语库为每个术语标记了严格的定义。第三种主要适用于知识的学习和传播。由于每一个术语都代表一定的概念，对这些术语概念进行整合从而形成一个知识库，有利于知识的学习和传播。[1]

由于法律分类方式多种多样，不同的部门法涉及不同的专业领域，所以法律文本中存在大量的专业性术语，且同一术语在不同的法律分类中意思可能完全不同，因此，法律翻译专业的学生在从事法律英语的学习和法律翻译练习与实践中，需要构建起属于自己的术语数据库，这样不仅可以避免在翻译过程中产生歧义现象，也可以在一定程度上减轻自己的翻译工作量，提高翻译的效率和准确性。

（五）实践与理论相结合

任何一门知识的学习都需要和实践联系起来，法律翻译同样如此。在学校学习的过程中，法律翻译专业的学生学习和实践的更多的是理论方面的翻译，在这方面知识和能力的储备的基础之上，学

〔1〕参见毛海飞：“法律术语数据库在自然语言检索中的应用研究”，载《科技情报开发与经济》2007年第27期。

生还需要多去实践基地例如律所、法院等进行实习和实践，在律所和法院接触到的文本等才是真正的与法律相关的实例文本，只有在理论与实践相结合的基础上，法律翻译专业学生才能适应市场的需求，成为一个市场上真正需要的法律翻译人才。

六、结语

在“一带一路”的大背景下，与各国之间的贸易合作以及纠纷肯定是不可避免的。因此，加强涉外法律工作，既是我国开创高水平对外开放新局面、适应建设法治政府新形势的要求，又是应对维护国家安全稳定新挑战和担当国际舞台新角色的需要。所以，涉外法律工作目前也是我国一大重要战略任务，而法律翻译专业人才则是提高涉外法律工作水平的桥梁和纽带。这对法律翻译专业的学生来说既是机遇又是挑战，只有不断提高自身的能力，适应市场的需要，才能积极抓住这一机遇，勇于面对这一挑战，从而让自己成为新时代需要的人才。

图书在版编目（CIP）数据

法律翻译教学与研究. 2019年卷/刘艳萍主编. —北京：中国政法大学出版社，2019. 8
ISBN 978-7-5620-9131-8

Ⅰ. ①法… Ⅱ. ①刘… Ⅲ. ①法律－翻译－教学研究－文集
Ⅳ. ①D90-055

中国版本图书馆CIP数据核字(2019)第170388号

出版者　中国政法大学出版社
地　址　北京市海淀区西土城路 25 号
邮　箱　fadapress@163.com
网　址　http://www.cuplpress.com (网络实名：中国政法大学出版社)
电　话　010-58908435(第一编辑部)　58908334(邮购部)
承　印　固安华明印业有限公司
开　本　880mm×1230mm　1/32
印　张　8
字　数　226 千字
版　次　2019 年 8 月第 1 版
印　次　2019 年 8 月第 1 次印刷
定　价　36.00 元